建设行业专业人员快速上岗 100 问丛书

手把手教你当好资料员

刘淑华　主　编

张乐荣　胡　静　曹晓婧
胡淑贞　雷济时　马振宇　副主编

王文睿　主　审

中国建筑工业出版社

图书在版编目（CIP）数据

手把手教你当好资料员/刘淑华主编. —北京：
中国建筑工业出版社，2014.12（2021.9重印）
（建设行业专业人员快速上岗100问丛书）
ISBN 978-7-112-17528-4

Ⅰ.①手… Ⅱ.①刘… Ⅲ.①建筑工程-技术
档案-档案管理-问题解答 Ⅳ.①G275.3-44

中国版本图书馆 CIP 数据核字（2014）第 274985 号

建设行业专业人员快速上岗100问丛书
手把手教你当好资料员

刘淑华 主 编

张乐荣 胡 静 曹晓婧

胡淑贞 雷济时 马振宇 副主编

王文睿 主 审

*

中国建筑工业出版社出版、发行（北京西郊百万庄）
各地新华书店、建筑书店经销
北京科地亚盟排版公司制版
北京建筑工业印刷厂印刷

*

开本：850×1168毫米 1/32 印张：7⅞ 字数：211千字
2015 年 6 月第一版 2021 年 9 月第九次印刷
定价：**22.00**元
ISBN 978 - 7 - 112 - 17528 - 4
（26752）

本书是"建设行业专业人员快速上岗 100 问丛书"之一。主要根据《建筑与市政工程施工现场专业人员职业标准》JGJ/T 250—2011 编写。全书包括通用知识、基础知识、岗位知识、专业技能共四章 17 节，内容涉及建筑工程资料员工作中所需掌握的知识点和专业技能。

为了方便读者的学习与理解，全书采用一问一答的形式，对书中内容进行分解，共列出 207 道问题，逐一进行阐述，针对性和参考性强。

本书可供建筑企业资料员、建设单位工程项目管理人员、监理单位工程监理人员使用，也可供基层施工管理人员学习及参考。

责任编辑：范业庶　王砾瑶　万　李
责任设计：董建平
责任校对：李欣慰　刘梦然

出 版 说 明

　　随着科学技术的日新月异和经济建设的高速发展，中国已成为世界最大的建设市场。近几年建设投资规模增长迅速，工程建设随处可见。

　　建设行业专业人员（各专业施工员、质量员、预算员，以及安全员、测量员、材料员等）作为施工现场的技术骨干，其业务水平和管理水平的高低，直接影响着工程建设项目能否有序、高效、高质量地完成。这些技术管理人员中，业务水平参差不齐，有不少是由其他岗位调职过来以及刚跨入这一行业的应届毕业生，他们迫切需要学习、培训，或是能有一些像工地老师傅般手把手实物教学的学习资料和读物。

　　为了满足广大建设行业专业人员入职上岗学习和培训需要，我们特组织有关专家编写了本套丛书。丛书涵盖建设行业施工现场各个专业，以国家及行业有关职业标准的要求和规定进行编写，按照一问一答的形式对专业人员的工作职责、应该掌握的专业知识、应会的专业技能、对实际工作中常见问题的处理等进行讲解，注重系统性、知识性，尤其注重实用性、指导性。在编写内容上严格遵照最新颁布的国家技术规范和行业技术规范。希望本套丛书能够帮助建设行业专业人员快速掌握专业知识，从容应对工作中的疑难问题。同时也真诚地希望各位读者对书中不足之处提出批评指正，以便我们进一步改进和完善。

中国建筑工业出版社

2015 年 2 月

前　　言

本书为"建设行业专业人员快速上岗 100 问丛书"之一，主要根据建筑工程的资料员实际工作需要编写。本书主要内容包括通用知识、基础知识、岗位知识、专业技能四章共 17 节，共计206 道问答题，囊括了资料员工作中可能遇到和需要掌握的绝大部分知识点和所需技能。本书为了便于资料员及其他基层项目管理者学习和使用，坚持做到理论联系实际，以通俗易懂、全面受用的原则，在内容选择上注重基础知识和常用知识的阐述，对资料员在工程施工过程中可能遇到的常见问题，采用了一问一答的方式进行了简明扼要的回答。

本书将资料员的职业要求、通用知识和专业技能等有机地融为一体，尽可能做到通俗易懂、简明扼要、一目了然。本书涉及的相关专业知识均按 2010 年以来新修订的规范编写。

本书可供建筑工程施工企业资料员及其他相关基层管理人员、建设单位项目管理人员、工程监理单位技术人员使用，也可作为基层施工管理人员学习建筑工程施工项目管理基本知识的参考。

本书由刘淑华主编，张乐荣、胡静、曹晓婧、胡淑贞、雷济时、马振宇等担任副主编。王文睿审阅了本书全部内容，并提出了许多宝贵的意见和建议，作者对各位同仁表示衷心的谢意。由于我们理论水平有限，本书中存在的不足和缺漏在所难免，敬请广大资料员、施工管理人员及专家学者批评指正，以便帮助我们提高工作水平，更好地服务广大资料员和项目管理工作者。

编者

2015 年 2 月

目 录

第一章 通用知识

第一节 相关法律法规知识

第二节 工程材料的基本知识

第三节　施工图识读、绘制的基本知识

第四节　工程项目管理的基本知识

第二章 基础知识

第一节 建筑构造、建筑结构的基本知识

第二节 建筑设备安装工程基础知识

第三节 计算机和相关资料管理软件的应用

第四节 文秘、公文写作基本知识

第三章 岗 位 知 识

第一节 资料管理相关的管理规定和标准

第二节 建筑工程竣工验收备案管理知识

第三节　城建档案管理、施工资料管理及建筑业统计

第四节　资料安全管理的有关规定

第四章 专业技能

第一节 施工资料归档管理

第二节 工程施工资料的收集、管理和应用

第一章 通 用 知 识

第一节 相关法律法规知识

1. 从事建筑活动的施工企业应具备哪些条件？从事建筑活动的施工企业从业的基本要求是什么？

答：（1）根据《中华人民共和国建筑法》的规定，从事建筑活动的施工企业应具备以下条件：

1）具有符合规定的注册资本；

2）有与其从事建筑活动相适应的具有法定执业资格的专业技术人员；

3）有从事相关建筑活动所应有的技术装备；

4）法律、行政法规规定的其他条件。

（2）根据《中华人民共和国建筑法》的规定，从事建筑活动的施工企业应满足下列要求：从事建筑活动的施工企业，按照其拥有的注册资本、专业技术人员、技术装备和已完成的建筑工程业绩等资质条件，划分为不同的资质等级，经资质审查合格，取得相应等级的资质证书后，方可在其资质等级许可的范围内从事建筑活动。

2. 建筑工程安全生产管理必须坚持的方针和制度各是什么？建筑施工企业怎样采取措施确保施工工程的安全？

答：根据《中华人民共和国建筑法》的规定，从事建筑活动的施工企业建筑工程安全生产管理必须坚持安全第一、预防为主的方针，必须建立健全安全生产的责任制和群防群治制度。

建筑施工企业在编制施工组织设计时，应当根据建筑工程的特点制定相应的安全技术措施；对专业性较强的工程建设项目，应当编制专项安全施工组织设计，并采取安全技术措施。

建筑施工企业应当在施工现场采取维护安全、防范危险、预防火灾等措施；有条件的，应当对施工现场进行封闭管理。

施工现场对毗邻的建筑物、构筑物和特殊作用环境可能造成损害的，应当采取安全防护措施。

3. 建筑施工企业怎样采取措施保证施工工程的质量符合国家规范和工程的要求？

答：严格执行《建筑法》和《建设工程质量管理条例》中对工程质量的相关规定和要求，采取相应措施确保工程质量。做到在资质等级许可的范围内承揽工程；不转包或者违法分包工程。建立质量责任制，确定工程项目的项目经理、技术负责人和施工管理负责人。实行总承包的建设工程由总承包单位对全部建设工程质量负责，分包单位按照分包合同的约定对其分包工程的质量负责。做到照图纸和技术标准施工；做到不擅自修改工程设计，不偷工减料；对施工过程中出现的质量问题或竣工验收不合格的工程项目，负责返修。准确全面理解工程项目相关设计规范和施工验收规范的规定、地方及行业法规和标准的规定；施工过程中完善工序管理，实行事先、事中管理，尽量减少事后管理，避免和杜绝返工，加强隐蔽工程验收，杜绝质量事故隐患；加强技术交底工作，督促作业人员明确工作目标、清楚责任和义务；对关键和特殊工艺、技术和工序要做好培训和上岗管理；对影响质量的技术和工艺要采取有效措施进行把关。建立健全企业内部质量管理体系，施工单位必须建立、健全施工质量的检验制度，严格工序管理，做好隐蔽工程的质量检查和记录；做到严格并在实施中做到使施工质量不低于上述规范、规程和标准的规定；按照保修书约定的工程保修范围、保修期限和保修责任等履行保修责任，确保工程质量在合同规定的期限内满足工程建设单位的使用要求。

4.《安全生产法》对施工生产企业安全生产管理人员的配备有哪些要求？为什么施工企业应对从业人员进行安全生产教育和培训？安全生产教育和培训包括哪些方面的内容？

答：（1）对施工生产企业安全生产管理人员的配备要求

建筑施工单位应当设置安全生产管理机构或者配备专职安全生产管理人员。从业人员超过三百人的，应当设置安全生产管理机构或者配备专职安全生产管理人员；从业人员在三百人以下的，应当配备专职或者兼职的安全生产管理人员，或者委托具有国家规定的相关专业技术资格的工程技术人员提供安全生产管理服务。建筑施工单位依照前述规定委托工程技术人员提供安全生产管理服务的，保证安全生产的责任仍由本单位负责。施工单位的主要负责人和安全生产管理人员必须具备与本单位所从事的生产经营活动相应的安全生产知识和管理能力。建筑施工单位的主要负责人和安全生产管理人员，应当由有关主管部门对其安全生产知识和管理能力考核合格后方可任职。

（2）施工单位对从业人员的安全生产教育和培训

施工单位对从业人员进行安全生产教育和培训，是为了保证从业人员具备必要的安全生产知识，能够熟悉有关的安全生产规章制度和安全操作规程，更好地掌握本岗位的安全操作技能。同时为了确保施工质量和安全生产，规定未经安全生产教育和培训合格的从业人员，不得上岗作业。

安全生产教育和培训包括日常安全生产常识的培训，包括安全用电、安全用气、安全使用施工机具车辆、多层和高层建筑高空作业安全培训、冬期防火培训、雨期防洪防雹培训、人身安全培训、环境安全培训等；在施工活动中采用新工艺、新技术、新材料或者使用新设备时，为了让从业人员了解、掌握其安全技术特性，并采取有效的安全防护措施，对从业人员进行专门的安全生产教育和培训。施工中有特种作业时，对特种作业人员必须按照国家有关规定经专门的安全作业培训，在其取得特种作业操作资格证书后，方可允许上岗作业。

5. 建筑工程施工企业从业人员劳动合同中约定的安全方面的权利和义务各有哪些？

答：《中华人民共和国安全生产法》明确规定：施工单位与从业人员订立的劳动合同，应当载明有关保障从业人员劳动安全、防止职业危害的事项，以及依法为从业人员办理工伤社会保险的事项。施工单位不得以任何形式与从业人员订立协议，免除或者减轻其对从业人员因生产安全事故造成的伤亡依法应承担的责任。施工单位的从业人员有权了解其作业场所和工作岗位存在的危险因素、防范措施及事故应急措施，有权对本单位的安全生产工作提出建议。从业人员有权对本单位安全生产工作中存在的问题提出批评、检举、控告；有权拒绝违章指挥和强令冒险作业。施工单位不得因从业人员对本单位安全生产工作提出批评、检举、控告或者拒绝违章指挥、强令冒险作业而降低其工资、福利等待遇或者解除与其订立的劳动合同。从业人员发现直接危及人身安全的紧急情况时，有权停止作业或者在采取可能的应急措施后撤离作业场所。施工单位不得因从业人员在前述紧急情况下停止作业或者采取紧急撤离措施而降低其工资、福利等待遇或者解除与其订立的劳动合同。因生产安全事故受到损害的从业人员，除依法享有工伤社会保险外，依照有关民事法律尚有获得赔偿的权利的，有权向本单位提出赔偿要求。从业人员在作业过程中，应当严格遵守本单位的安全生产规章制度和操作规程，服从管理，正确佩戴和使用劳动防护用品。从业人员应当接受安全生产教育和培训，掌握本职工作所需的安全生产知识，提高安全生产技能，增强事故预防和应急处理能力。从业人员发现事故隐患或者其他不安全因素，应当立即向现场安全生产管理人员或者本单位负责人报告；接到报告的人员应当及时予以处理。

6. 施工企业发生安全事故后的处理程序是什么？安全事故的调查与处理以及事故责任认定应遵循哪些原则？

答：（1）发生安全事故后的处理程序

施工单位发生生产安全事故后，事故现场有关人员应当立即报告本单位负责人。单位负责人接到事故报告后，应当迅速采取有效措施，组织抢救，防止事故扩大，减少人员伤亡和财产损失，并按照国家有关规定立即如实报告当地负有安全生产监督管理职责的部门，不得隐瞒不报、谎报或者拖延不报，不得故意破坏事故现场、毁灭有关证据。

负有安全生产监督管理职责的部门接到事故报告后，应当立即按照国家有关规定上报事故情况。负有安全生产监督管理职责的部门和有关地方人民政府对事故情况不得隐瞒不报、谎报或者拖延不报。

有关地方人民政府和负有安全生产监督管理职责的部门的负责人接到重大生产安全事故报告后，应当立即赶到事故现场，组织事故抢救。任何单位和个人都应当支持、配合事故抢救，并提供一切便利条件。

（2）安全事故的调查与处理原则

事故调查处理应当遵循实事求是、尊重科学的原则，及时、准确地查清事故原因，查明事故性质和责任，总结事故教训，提出整改措施。

7. 什么是劳动合同？劳动合同的形式有哪些？怎样订立和变更劳动合同？无效劳动合同的构成条件有哪些？怎样解除劳动合同？

答：（1）劳动合同的形式

为了确定调整劳动者各主体之间的关系，明确劳动合同双方当事人的权利和义务，确保劳动者的合法权益，构建和发展和谐稳定的劳动关系，依据相关法律、法规、用人单位和劳动者双方的意愿等所签订的确定契约称为劳动合同。

劳动合同分为固定期限劳动合同、无固定期限劳动合同和以完成一定工作任务为期限的劳动合同等。固定期限劳动合同，是指用人单位与劳动者约定终止时间的劳动合同。用人单位与劳动者协商一致，可以订立固定期限劳动合同。无固定期限劳动合同，是指用人单位与劳动者约定无确定终止时间的劳动合同。以完成一定工作任务为期限的劳动合同是指用人单位与劳动者约定以某项工作的完成为合同期限的劳动合同。

（2）劳动合同的订立

用人单位与劳动者协商一致，并经用人单位与劳动者在劳动合同文本上签字或者盖章后生效。用人单位与劳动者协商一致，可以变更劳动合同约定的内容，变更劳动合同应当采用书面的形式。订立的劳动合同和变更后的劳动合同文本由用人单位和劳动者各执一份。

（3）无效劳动合同

无效劳动合同，是指当事人签订成立的而国家不予承认其法律效力的合同。劳动合同无效或者部分无效的情形有：

1）以欺诈、胁迫手段或者乘人之危，使对方在违背真实意思的情况下订立或者变更劳动合同的；

2）用人单位免除自己的法定责任、排除劳动者权利的；

3）违反法律、行政法规强制性规定的。对于合同无效或部分无效有争议的，由劳动仲裁机构或者人民法院确定。

（4）劳动合同的解除

有下列情形之一者，依照劳动合同法规定的条件、程序，劳动者可以与用人单位解除劳动合同关系：

1）用人单位与劳动者协商一致的；

2）劳动者提前30日以书面形式通知用人单位的；

3）劳动者在试用期内提前三日通知用人单位的；

4）用人单位未按照劳动合同约定提供劳动保护或者劳动条件的；

5）用人单位未及时足额支付劳动报酬的；

6）用人单位未依法为劳动者缴纳社会保险的；

7）用人单位的规章制度违反法律、法规的规定，损害劳动者利益的；

8）用人单位以欺诈、胁迫手段或者乘人之危，使劳动者在违背真实意思的情况下订立或变更劳动合同的；

9）用人单位在劳动合同中免除自己的法定责任、排除劳动者权利的；

10）用人单位违反法律、行政法规强制性规定的；

11）用人单位以暴力威胁或者非法限制人身自由的手段强迫劳动者劳动的；

12）用人单位违章指挥、强令冒险作业危及劳动者人身安全的；

13）法律行政法规规定劳动者可以解除劳动合同的其他情形。

有下列情形之一者，依照劳动合同法规定的条件、程序，用人单位可以与劳动者解除劳动合同关系：

1）用人单位与劳动者协商一致的；

2）劳动者在使用期间被证明不符合录用条件的；

3）劳动者严重违反用人单位的规章制度的；

4）劳动者严重失职，营私舞弊，给用人单位造成重大伤害的；

5）劳动者与其他单位建立劳动关系，对完成本单位的工作任务造成严重影响，或者经用人单位提出，拒不改正的；

6）劳动者以欺诈、胁迫手段或者乘人之危，使用人单位在违背真实意思的情况下订立或变更劳动合同的；

7）劳动者被依法追究刑事责任的；

8）劳动者患病或者因工负伤不能从事原工作，也不能从事由用人单位另行安排的工作的；

9）劳动者不能胜任工作，经培训或者调整工作岗位，仍不能胜任工作的；

10）劳动合同订立所依据的客观情况发生重大变化，致使劳动合同无法履行，经用人单位与劳动者协商，未能就变更劳动合同内容达成协议的；

11）用人单位依照企业破产法规定进行重整的；

12）用人单位生产经营发生严重困难的；

13）企业转产、重大技术革新或者经营方式调整，经变更劳动合同后，仍需裁减人员的；

14）其他因劳动合同订立时所依据的客观经济情况发生重大变化，致使劳动合同无法履行的。

8. 资料员的职责有哪些？

答：资料员主要工作职责如下：

（1）协助制定施工资料管理计划。

（2）协助建立施工资料管理规章制度。

（3）负责建立施工资料收集台账，进行施工资料交底。

（4）负责施工资料的收集、审查及整理。

（5）负责竣工图及竣工验收资料的收集、整理。

（6）负责施工资料的往来传递、追溯及借阅管理。

（7）负责提供管理数据、信息资料。

（8）负责施工资料、竣工图及竣工验收资料的立卷、归档。

（9）负责施工资料、竣工图及竣工验收资料的封存和安全保密工作。

（10）负责施工资料、竣工图及竣工验收资料的验收与移交。

（11）协助建立施工信息管理系统。

（12）负责施工信息管理系统的运用、服务和管理。

9. 资料员应具备哪些专业技能？

答：资料员应具备的专业技能如下：

（1）能够编制施工资料管理计划。

（2）能够建立施工资料收集台账。

（3）能够进行施工资料交底。

（4）能够收集、审查、整理施工资料，以及竣工图、竣工验收资料。

（5）能够检索、处理、存储、传递、追溯、应用工程信息资料。

（6）能够安全防护和管理施工资料。

（7）能够对施工资料立卷、编目、装订、归档、移交。

（8）能够建立项目施工信息资料计算机软件管理平台。

（9）能够应用专业软件进行工程技术资料的处理。

10. 资料员应具备的专业知识包括哪些方面？

答：资料员应具备专业知识包括以下内容：

（1）熟悉国家建筑工程相关法律法规。

（2）了解工程材料的基本知识。

（3）熟悉施工图绘制、识读的基本知识。

（4）了解建筑工程的施工工艺和方法。

（5）熟悉工程项目管理的基本知识。

（6）了解工程预算的基本知识。

（7）掌握计算机和相关资料信息管理软件的知识。

（8）掌握文秘、公文写作基本知识。

（9）熟悉与本岗位相关的标准和管理规定。

（10）熟悉建筑工程竣工备案的管理知识。

（11）掌握城建档案管理、建筑业统计的基础知识。

（12）掌握工程资料信息安全管理知识。

第二节　工程材料的基本知识

1. 无机胶凝材料是怎样分类的？它们的特性各有哪些？

答：（1）胶凝材料及其分类

胶凝材料就是把块状、颗粒状或纤维状材料粘结为整体的材料。无机胶凝材料也称为矿物胶凝材料，其主要成分是无机化合物，如水泥、石膏、石灰等均属于无机胶凝材料。

（2）胶凝材料的特性

根据硬化条件的不同，无机胶凝材料分为气硬性胶凝材料（如石灰、石膏、水玻璃）和水硬性胶凝材料（如水泥）两类。气硬性胶凝材料只能在空气中凝结、硬化、保持和发展强度，通常适用于干燥环境，在潮湿环境和水中不能使用。水硬性胶凝材料既能在空气中硬化，也能在水中凝结、硬化、保持和发展强度，既适用于干燥环境，也适用于潮湿环境和水中。

2. 水泥怎样分类？通用水泥分哪几个品种？它们各自的主要技术性能有哪些？

答：（1）水泥及其品种分类

水泥是一种加水拌合成塑性浆体，通过水化逐渐固结、硬化，能够胶结砂、石等固体材料，并能在空气和水中硬化的粉状水硬性胶凝材料。水泥的品种可按以下两种方法分类。

1）按矿物组成分类。可分为硅酸盐水泥、铝酸盐水泥、硫铝酸盐水泥、氟铝酸盐水泥、铁铝酸盐水泥以及少熟料或无熟料水泥等。

2）按其用途和性能可分为通用水泥、专用水泥和特殊水泥三大类。

（2）建筑工程常用水泥的品种

用于一般建筑工程的水泥为通用水泥，它包括硅酸盐水泥、普通硅酸盐水泥、矿渣硅酸盐水泥、火山灰质硅酸盐水泥、粉煤灰硅酸盐水泥、复合硅酸盐水泥等。

（3）建筑工程常用水泥的主要技术性能

建筑工程常用水泥的主要技术性能包括细度、标准稠度及其用水量、凝结时间、体积安定性、水泥强度、水化热等。

1）细度。细度是指水泥颗粒粗细的长度。它是影响水泥需水量、凝结时间、强度和安定性能的重要指标。颗粒越细，与水反应的表面积就越大，水化反应的速度就越快，水泥石的早期强度就越高，但硬化体的收缩也愈大，且水泥储运过程中易受潮而降低活性。因此，水泥的细度应适当。

2）标准稠度及其用水量。在测定水泥凝结时间、体积安定性等性能时，为使所测结果有准确的可比性，规定在试验时所用的水泥净浆必须按规范《水泥标准稠度用水量、凝结时间、安定性检验方法》GB/T 1346 的规定以标准方法测试，并达到统一规定的浆体可塑性（标准稠度）。水泥净浆体标准稠度用水量，是指拌制水泥净浆时为达到标准稠度所需的加水量，它以水与水泥质量之比的百分数表示。

3）凝结时间。水泥从加水开始到失去流动性所需的时间称为凝结时间，分为初凝时间和终凝时间。初凝时间为水泥从加水拌和起到水泥浆开始失去可塑性所需的时间；终凝时间是指水泥从加水拌和起到水泥浆完全失去可塑性，并开始产生强度所需要的时间。水泥的凝结时间对施工具有较大的意义。初凝时间过短，施工时没有足够的时间完成混凝土或砂浆的搅拌、运输、浇捣和砌筑等操作；水泥的终凝时间过迟，则会拖延施工工期。国家标准规定硅酸盐水泥的初凝时间不得早于 45min，终凝时间不得迟于 6.5h，其他品种通用水泥初凝时间都是 45min，但终凝时间为 10h。

4）体积安定性。它是指水泥浆体硬化后体积变化的稳定性。安定性不良的水泥，在浆体硬化过程中或硬化后产生不均匀体积膨胀，并引起开裂。水泥安定性不良的主要因素是熟料中含有过量的游离氧化钙、游离氧化镁或研磨时掺入的石膏过多。国家标准规定水泥熟料中游离氧化镁的含量不得超过 5.0%，三氧化硫的含量不得超过 3.5%，体积安定性不合格的水泥为废品，不能用于工程。

5）水泥强度。水泥强度与水泥的矿物组成、水泥细度、水灰比大小、水化龄期和环境温度等密切相关。水泥强度按国家标准《水泥胶砂强度检验方法（ISO 法）》GB/T 17671 的规定制作试块、养护并测定其抗压强度和抗折强度值，并据此评定水泥的强度等级。

6）水化热。水泥水化放出的热量以及放热速度，主要取决于水泥矿物组成和细度。熟料矿物质铝酸三钙和硅酸三钙含量越高，颗粒越细，则水化热越大。水化热越大对冬期施工越有利，但对大体积混凝土工程是有害的。为了避免温度应力引起水泥石开裂，在大体积混凝土工程施工中，不宜采用硅酸盐水泥，而应采用水化热低的矿渣水泥等，水化热的测定可按国家标准规定的方法测定。

3. 普通混凝土是怎样分类的?

答：混凝土是以胶凝材料、粗细骨料及其他外掺材料按适当比例搅拌、成型、养护、硬化而成的人工石材。通常将以水泥、矿物掺合材料、粗细骨料、水和外加剂按一定比例配置而成的、干表观密度为 $2000 \sim 2800 \text{kg/m}^3$ 的混凝土称为普通混凝土。

普通混凝土的分类如下：

1）按用途分。可分为结构混凝土、抗渗混凝土、抗冻混凝土、大体积混凝土、水工混凝土、耐热混凝土、耐酸混凝土、装饰混凝土等。

2）按强度等级分。可分为普通混凝土，强度等级高于 C60 的高强度混凝土以及强度等级高于 C100 的超高强度混凝土。

3）按施工工艺分。可分为喷射混凝土、泵送混凝土、碾压混凝土、压力灌浆混凝土、离心混凝土、真空脱水混凝土。

4. 普通混凝土的组成材料有几种? 它们各自的主要技术性能有哪些?

答：普通混凝土的组成材料有水泥、砂子、石子、水、外加剂或掺合料。前四种是组成混凝土的基本材料，后两种材料可根据混凝土性能的需要有选择地添加。

（1）水泥

水泥是混凝土中最主要的材料，也是成本最高的材料，它也是决定混凝土强度和耐久性能的关键材料。水泥品种一般有硅酸盐水泥、普通硅酸盐水泥、矿渣硅酸盐水泥、火山灰质硅酸盐水泥及粉煤灰硅酸盐水泥和复合硅酸盐水泥等。

水泥强度等级的选择应根据混凝土强度等级的要求来确定，低强度混凝土应选择低强度等级的水泥。一般情况下对于强度等级低于 C30 的中、低强度混凝土，水泥强度等级为混凝土强度等级的 1.5～2.0 倍；高强混凝土，水泥强度等级与混凝土强度等级之比可小于 1.5，但不能低于 0.8。

（2）细骨料

细骨料是指公称直径小于 5mm 的岩石颗粒，也就是通常所称的砂。根据其生产来源不同可分为天然砂（河砂、湖砂、海砂和山砂）、人工砂和混合砂。混合砂是人工砂与天然砂按一定比例组合而成的砂。

配置混凝土的砂要求清洁不含杂质，国家标准对砂中的云母、轻物质、硫化物及硫化盐、有机物、氯化物等各种有害物含量以及海砂中的贝壳含量作了规定。含泥量是指天然砂中公称粒径小于 $80\mu m$ 的颗粒含量。泥块含量是指砂中公称粒径大于 1.25mm，经水浸洗，手捏后变成小于 $630\mu m$ 的颗粒含量。有关国家标准和行业标准都对含泥量、泥块含量、石粉含量作了限定。砂在自然风化和其他外界物理、化学因素作用下，抵抗破坏的能力称为其坚固性。天然砂的坚固性用硫酸钠溶液法检验，砂样经 5 次循环后其质量损失应符合国家标准的规定。砂的表观密度大于 $2500kg/m^3$，松散砂堆积密度大于 $1350kg/m^3$，空隙率小于 47%。砂的粗细程度和颗粒级配应符合规定要求。

（3）粗骨料

粗骨料是指公称直径大于 5mm 的岩石颗粒，通常称为石子。天然形成的石子称为卵石，人工破碎而成的石子称为碎石。

粗骨料中泥、泥块含量以及硫化物、硫酸盐含量、有机物等有害物质的含量应符合国家标准规定。卵石及碎石形状以接近卵形或立方体为较好。针状和片状的颗粒自身强度低，而其空隙大，影响混凝土的强度，因此，国家标准中对以上两种颗粒含量作了规定。为了保证混凝土的强度，粗骨料必须具有足够的强度，粗骨料的强度指标包括岩石抗压强度、碎石抗压强度两种。国家标准同时对粗骨料的坚固性也做了规定，坚固性是指卵石及碎石在自然风化和物理、化学作用下抵抗破裂的能力，有抗冻性要求的混凝土所用粗骨料，要求测定其坚固性。

（4）水

混凝土用水包括混凝土拌合用水和养护用水。混凝土用水应优先选用符合国家标准的饮用水，混凝土用水中各种杂质的含量应符合国家有关标准的规定。

5. 砂浆分为哪几类？它们各自的特性有哪些？

答：砂浆是由胶凝材料水泥和石灰、细骨料砂子加水拌合而成的，特殊情况下根据需要掺入塑性掺合料和外加剂，按照一定的比例混合后搅拌而成。砂浆的作用是将砌体中的块材粘结成整体共同工作；同时，砂浆平整地填充在块材表面能使块材和整个砌体受力均匀；由于砂浆填满块材间的缝隙，也同时提高了砌体的隔热、保温、隔音、防潮和防冻性能。

（1）水泥砂浆

水泥砂浆是指不掺加任何其他塑性掺合料的纯水泥砂浆。其强度高、耐久性好、适用于强度要求较高、潮湿环境的砌体。但和易性及保水性差，在强度等级相同的情况下，用同样块材砌筑而成的砌体强度比砂浆流动性好的混合砂浆砌筑的砌体要低。

（2）混合砂浆

混合砂浆是指在水泥砂浆的基本组成成分中加入塑性掺合料（石灰膏、黏土膏）拌制而成的砂浆。它强度较高、耐久性较好、和易性和保水性好，施工灰缝容易做到饱满平整，便于施工。一般墙体多用混合砂浆，在潮湿环境不适宜用混合砂浆。

（3）非水泥砂浆

它是不含水泥的石灰砂浆、黏土砂浆、石膏砂浆的统称。其强度低、耐久性差，通常用于地上的简易建筑。

6. 砌筑用石材怎样分类？它们各自在什么情况下应用？

答：承重结构中常用的石材应选用无明显风化的天然石材，常用的有重力密度大的花岗岩、石灰岩、砂岩及轻质天然石。重力密度大的重质天然石材强度高、耐久，抗冻性能好。一般用于石材生产区的基础砌体或挡土墙中，也可用于砌筑承重墙，但其热阻小、导热系数大，不宜用于北方需要供暖地区。

石材按其加工后的外形规整的程度可分为料石和毛石。料石多用于墙体，毛石多用于地下结构和基础。

料石按加工粗细程度不同分为细料石、半细料石、粗料石和毛料石 4 种。料石截面高度和宽度尺寸不宜小于 200mm，且不小于长度的 1/4。毛石外形不规整，但要求中部厚度不应小于200mm。

石材通常用 3 个 70mm 的立方体试块抗压强度的平均值确定。

石材抗压强度等级有 MU100、MU80、MU60、MU50、MU40、MU30 和 MU20 七个等级。

7. 砖分为哪几类？它们各自的主要技术要求有哪些？

答：块材是组成砌体的主要部分，砌体的强度主要来自于砌块。现阶段工程结构中常用的块材有砖、砌体和各种石材。

（1）烧结普通砖

烧结普通砖是由矸石、页岩、粉煤灰或黏土为主要原料，经过焙烧而成的实心砖。分烧结煤矸石砖、烧结页岩砖、烧结粉煤灰砖、烧结黏土砖等。实心黏土砖是我国砌体结构中最主要和最常见的块材，其生产工艺简单、砌筑时便于操作、强度较高、价格较低廉，所以使用量很大。但是由于生产黏土砖消耗黏土的量大、毁坏农田与农业争地的矛盾突出，焙烧时造成的大气污染等对国家可持续发展构成负面影响，除在广大农村和城镇大量使用以外，大中城市已不允许建设隔热保温性能差的实心砖砌体房屋。

1）烧结普通砖

烧结黏土砖的尺寸为 240mm×115mm×53mm。为符合砖的规格，砖砌体的厚度为 240mm、370mm、490mm、620mm、740mm 等尺寸。

2）黏土空心砖

烧结多孔砖是由矸石、页岩、粉煤灰或黏土为主要原料，经过焙烧而成、空洞率不大于 35％，孔的尺寸小而数量多，主要用于承重部位的砖。

砖的强度等级是根据标准试验方法（半砖叠砌）测得的破坏时的抗压强度确定，同时考虑到这类砖的厚度较小，在砌体中受弯、受剪后易折断，《砌体结构设计规范》GB 50003—2011 同时规定某种强度的砖同时还要满足对应的抗折强度要求。《砌体结构设计规范》GB 50003—2011 规定，普通黏土砖和黏土空心砖的强度共有 MU30、MU25、MU20、MU15、MU10 五个等级。

（2）非烧结硅酸盐砖

这类砖是用硅酸盐类材料或工业废料粉煤灰为主要原料生产的，具有节省黏土不损毁农田、有利于工业废料再利用、减少工业废料对环境污染的作用，同时可取代黏土砖生产、从而可有效降低黏土砖生产过程中环境污染问题，符合环保、节能和可持续发展的思路。这类砖常用的有蒸压灰砂普通砖、蒸压粉煤灰普通砖两类。

1）蒸压灰砂普通砖。它是以石灰等钙质材料和砂等硅质材料为主要原料，经坯料制备、压制排气成型、高压蒸汽养护而成的实心砖。

2）蒸压粉煤灰普通砖。它是以石灰、消石灰（如电石渣）或水泥等钙质材料与粉煤灰等硅质材料（砂等）为主要原料，掺加适量石膏，经坯料制备、压制排气成型、高压蒸汽养护而成的实心砖。

蒸压灰砂普通砖和蒸压粉煤灰普通砖的规格尺寸与实心黏土砖相同，能基本满足一般建筑的使用要求，但这类砖强度较低、耐久性稍差，在多层建筑中不用为宜。在高温环境下也不具备良好的工作性能，不宜用这类砖砌筑壁炉和烟囱。由于蒸压灰砂砖和粉煤灰砖自重小，用作框架和框架剪力墙结构的填充墙不失为较好的墙体材料。

蒸压灰砂砖的强度等级，与烧结普通砖一样，由抗压强度和抗折强度综合评定。在确定粉煤灰砖强度等级时，要考虑自然碳化影响，对试验室实测的值除以碳化系数 1.15。砌体结构设计规范规定，它们的强度等级分为 MU25、MU20、MU15 三个等级。

（3）混凝土砖

它是以水泥为胶凝材料，以砂、石为主要集料、加水搅拌、成型、养护制成的一种多孔的混凝土半盲孔砖或实心砖。多孔砖的主要规格尺寸为 240mm×150mm×90mm、240mm×190mm×90mm、190mm×190mm×90mm 等；实心砖的主要规格尺寸为 240mm×115mm×53mm、240mm×115mm×90mm 等。

8. 工程中最常用的砌块是哪一类？它的主要技术要求有哪些？它的强度分几个等级？

答：工程中最常用的砌块是混凝土小型空心砌块。由普通混凝土或轻集料混凝土制成，主要规格尺寸为 390mm×190mm×190mm、空心率为 25%～50% 的空心砌块，简称为混凝土砌块或砌块。

砌块体积可达标准砖的 60 倍，因为其尺寸大才称为砌块。砌体结构中常用的砌块的原料为普通混凝土或轻骨料混凝土。混凝土空心砌块由于尺寸大，砌筑效率高、同样体积的砌体可减少砌筑次数，降低劳动强度。砌块分为实心砌块和空心砌块两类，空心砌块的空洞率在 25%～50% 之间。通常，把高度小于 380mm 的砌块称为小型砌块，高度在 380～900mm 的称为中型砌块。

混凝土砌块的强度等级是根据单块受压毛截面积试验时的破坏荷载折算到毛截面积上确定的。其强度等级分为 MU20、MU15、MU10、MU7.5 和 MU5 共五个等级。

9. 钢筋混凝土结构用钢材有哪些种类？各类的特性是什么？

答：《混凝土结构设计规范》GB 50010—2010 中规定：增加了强度为 500MPa 级的热轧带肋钢筋；推广 400MPa、500MPa 级热轧带肋高强度钢筋作为纵向受力的主导钢筋，限制并逐步淘汰 335MPa 级热轧带肋钢筋的应用；用 300MPa 级光圆钢筋取代 235MPa 级光圆钢筋。推广具有较好延性、可焊性、机械连接性能及施工适应性的 HRB 系列普通钢筋。引入用控温轧制工艺生产的 HRBF 系列细晶粒带肋钢筋。RRB 系列余热处理钢筋由轧制钢筋经高温淬水，余热处理后提高强度，其延性、可焊性、机械连接性能及施工适应性降低，一般可用于对变形性能及进攻性能要求不高的构件中，如基础、大体积混凝土、楼板、墙体以及次要的中小结构构件等。

混凝土结构和预应力混凝土结构中使用的钢筋如下：

（1）纵向受力普通钢筋宜采用 HRB400、HRB500、HRBF400、HRBF500 钢筋，也可采用 HPB300、HRB335、HRBF335、RRB400 钢筋。

（2）梁、柱纵向受力普通钢筋应采用 HRB400、HRB500、HRBF400、HRBF500 钢筋。

（3）箍筋宜采用 HPB300、HRB400、HRBF400、HRB500、HRBF500 钢筋，也可采用 HRB335、HRBF335 钢筋。

（4）预应力筋宜采用预应力钢丝、消除预应力钢丝、预应力螺纹钢筋。

10. 钢结构用钢材有哪些种类？钢结构中使用的焊条分为几类？各自的应用范围是什么？

答：（1）钢结构中使用的钢材

钢结构用钢材按组成成分分为碳素结构钢和低合金结构钢两大类。

钢结构用钢材按形状分为热轧型钢（如热轧角钢、热轧工字钢、热轧槽钢、热轧 H 型钢）、冷轧薄壁型钢、钢板等。

钢结构用钢材按强度等级可分为 Q235 钢、Q345 钢、Q390 钢、Q420 钢和 Q460 钢等，每个钢种可按其性能不同细分为若干个等级。

《钢结构设计规范》GB 50017—2003 对钢结构所用钢材的选材规定如下：

1）钢结构选材应遵循技术可靠、经济合理的原则，综合考虑结构的重要性、荷载特征、结构形式、应力状态、连接方法、钢材厚度、价格和工作环境等因素，选用合适的钢材牌号和材性。

2）承重结构采用的钢材应具有屈服强度、伸长率、抗拉强度、冲击韧性和硫、磷含量的合格保证，对焊接结构尚应具有碳含量（或碳当量）的合格保证。焊接承重结构以及重要的非焊接承重结构采用的钢材还应具有冷弯试验的合格保证。

（2）焊条及其选用

钢结构中使用的焊条分为：自动焊、半自动焊和 E43×× 型焊条的手工焊；自动焊、半自动焊和 E50×× 型焊条的手工焊等；自动焊、半自动焊和 E55×× 型焊条的手工焊。它们分别用于抗压、抗拉和抗弯强度、抗剪、抗拉、抗压和抗剪连接的焊缝中。

11. 防水卷材分为哪些种类？它们各自的特性有哪些？

答：防水卷材是一种具有一定宽度和厚度的能够卷曲成卷状

的带状定性防水材料。根据构成防水膜层的主要原料的不同，防水卷材可以分为沥青防水卷材、高聚物改性沥青防水卷材和合成高分子防水卷材三类。其中高聚物改性沥青防水卷材和合成高分子防水卷材综合性能优越，是国内大力推广使用的新型防水卷材。

（1）沥青防水卷材

沥青防水卷材是以原纸、织物、纤维毡、塑料膜等材料为胎基，浸涂石油沥青、矿物粉料或塑料膜为隔离材料制成的防水卷材。它包括石油沥青纸胎防水卷材、沥青玻璃纤维布油毡、沥青玻璃纤维胎油毡几种类型。

沥青防水卷材重量轻、价格低廉、防水性能良好、施工方便、能适应一定的温度变化和基层伸缩变形，故多年来在工业与民用建筑的防水工程中得到广泛的应用。

（2）高聚物改性沥青防水卷材

高聚物改性沥青防水卷材是以高分子聚合物改性石油沥青为涂盖层，聚酯毡、纤维毡或聚酯纤维复合为胎基，细砂、矿物粉料或塑料膜为隔离材料制成的防水卷材。高聚物改性沥青防水卷材包括 SBS 改性沥青防水卷材、APP 改性沥青防水卷材、铝箔塑胶改性沥青防水卷材。

高聚物改性沥青防水卷材具有使用年限长、技术性能好、冷施工、操作方便、污染性低等特点，克服了传统的沥青纸胎油毡低温柔性差、延伸率低、拉伸强度及耐久性比较差等缺点，通过改善其各项技术性能，有效提高了防水质量。

（3）合成高分子防水卷材

合成高分子防水卷材以合成橡胶、合成树脂或两者共混为基料，加入适量的助剂和填料，经密炼压延或挤出等工序加工而成的防水卷材。

合成高分子防水卷材包括三元乙丙（EPDM）橡胶防水卷材，聚氯乙烯（PVC）防水卷材，聚氯乙烯—橡胶共混防水卷材等。

合成高分子防水卷材具有拉伸强度高、断裂伸长率大、抗撕裂强度高、耐热性能好、低温柔软性好、耐腐蚀、耐老化以及可以冷施工等一系列优异性能，是我国大力发展的新型高档防水卷材。

12. 防水涂料分为哪些种类？它们应具有哪些特点？

答：防水涂料按成膜物质的主要成分可分为沥青基防水涂料、高聚物改性沥青防水涂料、合成高分子防水涂料。按液态类型可分为溶剂型、水乳型和反应型三种。按涂层厚度又可分为薄质防水涂料、厚质防水涂料。

（1）沥青基防水涂料

沥青基防水涂料是以沥青为基料配制而成的水乳型或溶剂型防水涂料。水乳型防水涂料是将石油沥青分散于水中所形成的水分散体。溶剂型沥青涂料是将石油沥青直接溶解于汽油等有机溶剂后制得的溶液。沥青基防水涂料适用于Ⅲ、Ⅳ级防水等级的工业与民用建筑的屋面、混凝土地下室及卫生间的防水工程。

（2）高聚物改性沥青防水涂料

高聚物改性沥青防水涂料是以沥青为基料，用合成高分子聚合物进行改性而制成的水乳型或溶剂型防水涂料。由于高聚物的改性作用，使得改性沥青防水涂料的柔韧性、抗裂性拉伸强度、耐高低温性能、使用寿命等方面优于沥青基防水涂料。常用品种有再生橡胶沥青防水涂料、氯丁橡胶沥青防水涂料、丁基橡胶沥青防水涂料等。高聚物改性沥青防水涂料适用于Ⅱ、Ⅲ、Ⅳ级防水等级的屋面、地面、混凝土地下室和卫生间等的防水工程。

（3）合成高分子防水涂料

合成高分子防水涂料是以合成橡胶或合成树脂为主要成膜物质，加入其他辅料而配成的单组分或多组分的防水涂料。这类涂料具有高弹性、高耐久性及优良的耐高低温性能，是目前常用的高档防水涂料。常用品种有聚氨酯防水涂料、硅橡胶防水涂料、氯磺化聚乙烯橡胶防水涂料和丙烯酸酯防水涂料等。合成高分子防水涂料适用于Ⅰ、Ⅱ、Ⅲ级防水等级的屋面、地下室、水池和卫生间的防水工程。

防水涂料应具有以下特点：

1）整体防水性好。能满足各类屋面、地面、墙面的防水工程要求。在基层表面形状复杂的情况下，如管道根部、阴阳角处等，涂刷防水涂料较易满足使用要求。

2）温度适应性强。因为防水涂料的品种多，养护选择余地大，可以满足不同地区气候的环境的需要。

3）操作方便、施工速度快。涂料可喷可涂，节点处理简单，容易操作。可冷加工，不污染环境，比较安全。

4）易于维修。当屋面发生渗漏时，不必完全铲除旧防水层，只要在渗漏部位进行局部维修，或在原防水层上重做一次防水处理就可达到防水目的。

13. 什么是建筑节能？建筑节能包括哪些内容？

答：建筑节能是指在建筑材料生产、屋面建筑和构筑物施工及使用过程中，合理使用能源，尽可能降低能耗的一系列活动过程的总称。建筑节能范围和技术内容非常广泛，主要范围包括：

（1）墙体、屋面、地面、隔热保温技术及产品。

（2）具有建筑节能效果的门、窗、幕墙、遮阳及其他附属部件。

（3）太阳能、地热（冷）或其他生物质能等在建筑节能工程中的应用技术及产品。

（4）提高供暖通风效能的节电体系与产品。

（5）供暖、通风与空气调解、空调与供暖系统的冷热源处理。

（6）利用工业废物生产的节能建筑材料或部件。

（7）配电与照明、监测与控制节能技术及产品。

（8）其他建筑节能技术和产品等。

14. 常用建筑节能材料种类有哪些？它们的特点有哪些？

答：（1）建筑绝热材料

绝热材料（保温、隔热材料）是指对热流具有明显阻抗性的材料或材料复合体。绝热制品（保温、隔热制品）是指将绝热材料加工成至少有一个面与被覆盖表面形状一致的各种绝热制品。绝热材料包括岩棉及其制品、矿渣棉及其制品、玻璃棉及其制品、膨胀珍珠岩及其制品、膨胀蛭石及其制品、泡沫塑料、微孔硅酸钙制品、泡沫石棉、铝箔波形纸保温隔热板等。

绝热材料具有表观密度小、多孔、疏松、导热系数小的特点。

（2）建筑节能墙体材料

建筑节能墙体材料主要包括蒸压加气混凝土砌块、混凝土小型空心砌块、陶粒空心砌块、多孔砖，多功能复合材料墙体砌块等。

建筑节能墙体材料与传统墙体材料相比具有密度小、孔洞率高、自重轻、砌筑工效高、隔热保温性能好等。

（3）节能门窗和节能玻璃

目前我国市场的节能门窗有 PVC 门窗、流塑复合门窗、铝合金门窗、玻璃钢门窗。节能玻璃包括中空玻璃、真空玻璃和镀膜玻璃等。

节能门窗和节能玻璃的主要优点是隔热保温性能良好、密封性能好。

第三节　施工图识读、绘制的基本知识

1. 房屋建筑施工图由哪些部分组成？它的作用包括哪些？

答：（1）建筑设计说明；

（2）各楼层平面布置图；

（3）屋面排水示意图、屋顶间平面布置图及屋面构造图；

（4）外纵墙面及山墙面示意图；

（5）内墙构造详图；

（6）楼梯间、电梯间构造详图；

（7）楼地面构造图；

（8）卫生间、盥洗室平面布置图、墙体及防水构造详图；

（9）消防系统图等。

建筑施工图的主要作用包括：

（1）确定建筑物在建设场地内的平面位置；

（2）确定各功能分区及其布置；

（3）为项目报批、项目招标投标提供基础性参考依据；

（4）指导工程施工，为其他专业的施工提供前提和基础；

（5）是项目结算的重要依据；

（6）是项目后期维修保养的基础性参考依据。

2. 房屋建筑施工图的图示特点有哪些？

答：房屋建筑施工图的图示特点包括：

（1）直观性强；

（2）指导性强；

（3）生动美观；

（4）具体实用性强；

（5）内容丰富；

（6）指导性和统领性强；

（7）规范化和标准化程度高。

3. 建筑施工图的图示方法及内容各有哪些？

答：建筑施工图的图示方法主要包括：

（1）文字说明；

（2）平面图；

（3）立面图；

（4）剖面图，有必要时加附透视图；

（5）表列汇总等。

建筑施工图的图示内容主要包括：

（1）房屋平面尺寸及其各功能分区的尺寸及面积；

（2）各组成部分的详细构造要求；

（3）各组成部分所用材料的限定；

（4）建筑重要性分级及防火等级的确定；

（5）协调结构、水、电、暖、卫和设备安装的有关规定等。

4. 结构施工图的图示方法及内容各有哪些？

答：结构施工图是表示房屋承重受各种作用的受力体系中各个构件之间相互关系、构件自身信息的设计文件，它包括下部结构的地基基础施工图和上部主体结构中承受作用的墙体、柱、板、梁或屋架等的施工图纸。

结构施工图包括结构设计说明、结构平面图以及结构详图，它们是结构图整体中联系紧密、相互补充、相互关联、相辅相成的三部分。

（1）结构设计总说明。结构设计总说明是对结构设计文件全面、概括性的文字说明，包括结构设计依据，适用的规范、规程、标准图集等，结构重要性等级，抗震设防烈度，场地土的类别及工程特性，基础类型，结构类型，选用的主要工程材料，施工注意事项等。

（2）结构平面布置图。结构平面布置图是表示房屋结构中各种结构构件总体平面布置的图样，包括以下三种：

1）基础平面图。基础平面图反映基础在建设场地上的布置，标高，基坑和桩孔尺寸，地下管沟的走向、坡度、出口，地基处理和基础细部设计，以及地基和上部结构的衔接关系的内容。如果是工业建筑还应包括设备基础图。

2）楼层结构布置图。包括底层、标准层结构布置图，主要内容包括各楼层结构构件的组成、连接关系、材料选型、配筋、构造做法，特殊情况下还有施工工艺及顺序等要求的说明等。对于工业厂房，还应包括纵向柱列、横向柱列的确定、吊车梁、连系梁、必要时设置的圈梁，柱间支撑，山墙抗风柱等的设置。

3）屋顶结构布置图。包括屋面梁、板、挑檐、圈梁等的设置、材料选用、配筋及构造要求；工业建筑包括屋架、屋面板、屋面支撑系统、天沟板、天窗架、天窗屋面板、天窗支撑系统的选型、布置和细部构造要求。

（3）细部构造详图。一般构造详图是和平面结构布置图一起绘制和编排的。主要反映基础、梁、板、柱、楼梯、屋架、支撑等的细部构造做法和适用的材料，特殊情况下包括施工工艺和施工环境条件要求等内容。

第四节 工程项目管理的基本知识

1. 施工项目管理的内容有哪些？

答：施工项目管理的内容包括如下几个方面。

（1）建立施工项目管理组织

①由企业采用适当的方式选聘称职的项目经理。②根据施工项目组织原则，采用适当的组织方式，组建施工项目管理机构，明确责任、权限和义务。③在遵守企业规章制度的前提下，根据施工管理的需要，制定施工项目管理制度。

（2）编制项目施工管理规划

施工项目管理规划包括如下内容：①进行工程项目分解，形成施工对象分解体系，以便确定阶段性控制目标，从局部到整体地进行施工活动和进行施工项目管理。②建立施工项目管理工作体系，绘制施工项目管理工作体系图和施工项目管理工作信息流程图。③编制施工管理规划，确定管理点，形成文件，以利执行。

（3）进行施工项目的目标控制

实现各项目标是施工管理的目的所在。施工项目的控制目标有进度控制目标、质量控制目标、成本控制目标、安全控制目标等。

（4）对施工项目施工现场的生产要素进行优化配置和动态管理

生产要素管理的内容包括：①分析各项生产要素的特点。②按照一定的原则、方法对施工项目生产要素进行优化配置，并对配置状况进行评价。③对施工项目的各项生产要素进行动态管理。

（5）施工项目的合同管理

在市场经济条件下，合同管理是施工项目管理的主要内容，是企业实现项目工程施工目标的主要途径。依法经营的重要组成部分就是按施工合同约定履行义务、承担责任、享有权利。

（6）施工项目的信息管理

施工项目信息管理是一项复杂的现代化管理活动，施工的目标控制、动态管理更要依靠大量的信息及大量的信息管理来实现。

（7）组织协调

组织协调是指以一定的组织形式、手段和方法，对项目管理中产生的关系不畅进行疏通，对产生的干扰和障碍予以排除的活动。协调与控制的最终目标是确保项目施工目标的实现。

2. 施工项目管理的组织任务有哪些？

答：施工项目管理的组织任务主要包括：

（1）合同管理

通过行之有效的合同管理来实现项目施工的目标。

（2）组织协调

组织协调是管理的技能和艺术，也是实现项目目标不可缺少的方法和手段。它包括与外部环境之间的协调，项目参与单位之间的协调和项目参与单位内部的协调三种类型。

（3）目标控制

施工项目目标控制是施工项目管理的重要职能，它是指项目管理人员在不断变化的动态环境中为确保既定规划目标的实现而进行的一系列检查和调整活动。其任务是在项目施工阶段采用计划、组织、协调手段，从组织、技术、经济、合同等方面采取措施，确保项目目标的实现。

（4）风险管理

风险管理是一个确定和度量项目风险及制定、选择和管理风险应对方案的过程。其目的是通过风险分析减少项目施工过程中的不确定因素，使决策更科学，保证项目的顺利实施，更好地实现项目的质量、进度和投资目标。

（5）信息管理

信息管理是施工项目管理中的基础性工作之一，是实现项目目标控制的保证。它是对施工项目的各类信息收集、储存、加工整理、传递及使用等一系列工作的总称。

（6）环境保护

环境保护是施工企业项目管理重要内容，是项目目标的重要组成部分。

3. 施工项目目标控制的任务包括哪些内容？

答：施工项目包括成本目标、进度目标、质量目标三大目标。目标控制的任务包括使工程项目不超过合同约定的成本额度；保证在没有特殊事件发生和不改变成本投入、不降低质量标准的情况下按期完成；在投资不增加，工期不变化的情况下按合同约定的质量目标完成工程项目施工任务。

4. 施工项目目标控制的措施有哪些？

答：施工项目目标控制的措施有组织措施、技术措施、经济措施等。

（1）组织措施是指施工任务承包企业通过建立施工项目管理

组织，建立健全施工项目管理制度，健全施工项目管理机构，进行确切和有效的组织和人员分工，通过合理的资源配置作为施工项目目标实现的基础性措施。

（2）技术措施是指施工管理组织通过一定的技术手段对施工过程中的各项任务通过合理划分，通过施工组织设计和施工进度计划安排，通过技术交底、工序检查指导、验收评定等手段确保施工任务实现的措施。

（3）经济措施是指施工管理组织通过一定程序对施工项目的各项经济投入的手段和措施。包括各种技术准备的投入，各种施工设施的投入，各种涉及管理人员及施工操作人员的工资、奖金和福利待遇的提高等与项目施工有关的经济投入措施。

5. 施工现场管理的任务和内容各有哪些？

答：施工现场管理分为施工准备阶段的工作和施工阶段的工作两个不同阶段的管理工作。

（1）施工准备阶段的管理工作

它主要包括拆迁安置、清理障碍、平整场地、修建临时设施，架设临时供电线路、接通临时用水管线、组织材料机具进场，施工队伍进场安排等工作，这些工作比较零碎，需要协调和管理的组织层次和范围比较广，是对项目管理组织的一个考验。

（2）施工阶段的现场管理工作

此阶段现场管理工作头绪更多，施工参与各方人员的管理和协调，设备和器具，材料和零配件，生产运输车辆，地面、空间等都是现场管理的对象。为了有效进行现场管理，最根本的就是要根据施工组织设计确定的现场平面图进行布置，需要调整变动时首先申请、协商，得到批准后方可变动，不能擅自变动，以免引起各部分主体之间的矛盾，违反消防安全，给环境保护等方面造成不必要的麻烦和损失。

对于节电、节水、用电安全、修建临时厕所及卫生设施等方面的管理工作，最好列入合同附则，有明确的约定，以便能有效进行管理，以在安全文明卫生的条件下实现施工管理目标。

第二章 基础知识

第一节 建筑构造、建筑结构的基本知识

1. 民用建筑由哪些部分组成？它们的作用和应具备的性能各有哪些？

答：一幢工业或民用建筑一般都是由基础、墙或柱、楼地层、楼梯、屋顶和门窗六大部分组成，如图 2-1 所示。各部分的作用如下。

（1）基础

它是建筑物最下部的承重构件，其作用是承受建筑物的全部荷载，并将这些荷载传给地基。因此，基础必须具有足够的强度，并能抵御地下各种有害因素的侵蚀。

（2）墙（或柱）

它是建筑物的承重构件和围护构件。作为承重构件的外墙也抵御自然界各种因素对室内的侵袭；内墙主要起分隔作用及保证舒适环境的作用。框架和排架结构的建筑中，柱起承重作用，墙不仅起围护作用，同时在地震发生后作为抗震第二道防线可以协助框架和排架柱抵抗水平地震作用对房屋的影响。因此，要求墙体具有足够的强度、稳定性和保温、隔热、防水、防火、耐久及经济等性能。

（3）楼板层和地坪

楼板是水平方向的承重构件，按房间层高将整个建筑物沿水平方向分为若干层；楼板层承受家具、设备和人体荷载以及本身的自重，并将这些荷载传给墙和柱；同时对墙体起着水平支撑作用。因此，要求楼板层应具有足够的抗弯强度、刚度和隔声性能，对有水侵蚀的房间，还应具有防潮、防水的性能。

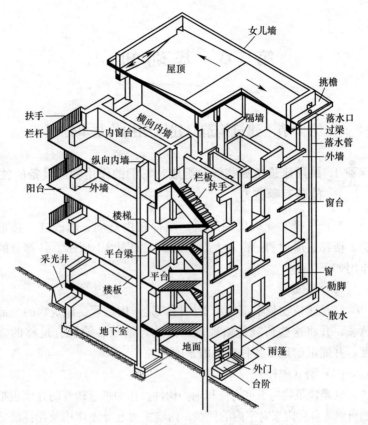

图 2-1　房屋的构造组成

地坪是底层房间与地基土层相连的构件，起承受底部房间荷载和防潮、防水等作用。要求地坪具有耐磨、防潮、防水、防尘和保温等性能。

（4）楼梯

它是房屋建筑的垂直交通设施，供人们上下楼层和紧急疏散之用，故要求楼梯具有足够的通行能力，并具防滑、防火的功能，能保证安全使用。

（5）屋顶

屋顶是建筑物顶部的围护和承重构件。抵御风、雨、雪霜、冰雹等的侵袭和太阳辐射热的影响；又能承受风雪荷载及施工、检修等屋面荷载，并将这些荷载传给墙或柱。故屋顶应具有足够的强度、刚度，以及防水、保温、隔热等性能。

（6）门与窗

门与窗均属非承重构件，也称为配件。门主要是供人们出入房间、承担室内联系和分隔房间之用；窗除了满足通风、采光、日照、造型等功能要求外，处于外墙上的门窗又是围护构件的一部分，要具有隔热、得热或散热的作用，某些特殊要求的房间，门、窗应具有隔声、防火性能。

建筑物除了以上六大组成部分外，对于不同功能的建筑物还可能有阳台、雨篷、台阶、排烟道等。

2. 砖基础、毛石基础、混凝土基础、钢筋混凝土独立基础、桩基础的组成特点各有哪些内容？

答：（1）砖基础、毛石基础、混凝土基础

它们均属于刚性基础，它们的共同点是：由刚性材料制作而成，刚性材料的特点是抗压强度高，而抗拉、抗剪强度较低。除以上几种刚性材料外，作为基础用刚性材料还包括灰土、三合土等。为了便于扩散上部荷载满足地基允许承载力的要求，基底宽度一般大于上部墙宽，当基础很宽时，从墙边算起的出挑宽度就很大，由于刚性材料的抗弯、抗剪性能差，基础有可能因弯曲或剪切而破坏。为了防止基础受剪或受弯破坏，基础就必须具有足够高度。通常刚性材料的受力特性，基础传力时只能在材料允许的范围内加以控制，这个控制范围的交角称为刚性角。砖石基础的刚性角控制在 $1:1.25\sim1:1.5$（$26°\sim33°$）以内。混凝土基础刚性角控制在 $1:1$（$45°$）以内。

（2）钢筋混凝土基础

它属于非刚性基础，它是在混凝土基础的底板内双向配置箍筋，依靠钢筋混凝土较大的受力性能满足受弯、受剪的性能要求。在基础高度相同的前提下它比混凝土基础要宽，底面面积要大许多，容易满足地基承载力的要求。有时将这种基础也称为柔性基础。

（3）桩基础

它通常有桩尖、桩身和基础梁等部分组成，桩身可以由素混凝土和上段的钢筋混凝土构成，也可以是桩身全高配置钢筋笼的钢筋混凝土桩基础。它的施工难点在于选择合适的类型和成孔工艺。通常它用于埋深大于 5m 的深基础，它在地层内穿越深度大，端承桩的桩尖可以到达持力层，摩擦桩也需要足够的深度依靠桩身周围的摩擦阻力平衡上部传来的荷载。桩基础的特点是埋深大，施工难度大，不可预知的底层状况多发，造价相对较高，但其受力性能好，对上部结构受力满足的程度高，尤其适用于持力层埋深较大的情况。

3. 常见砌块墙体的构造有哪些内容？地下室的防潮与防水构造与做法各有哪些内容？

答：砌体尺寸较大，垂直缝砂浆不宜灌实，砌块之间粘结较差，因此砌筑时需要采取加固措施，以提高房屋的整体性。砌块建筑的构造要点如下：

（1）砌块建筑每层楼应加设圈梁，用以加强砌体的整体性

圈梁通常与过梁统一考虑，有现浇和预制圈梁两种作法。现浇圈梁整体性强，对加固墙身有利，但施工麻烦。为了减少现场支模的工序，可采用 U 形预制件，在槽内配置钢筋现浇混凝土形成圈梁。

（2）砌块墙的拼缝做法

砌块墙的拼缝有平缝、凹槽缝和高低缝。平缝制作简单，多用于水平缝；凹槽缝灌浆方便，多用于垂直缝，也可用于水平缝。缝宽视砌块尺寸而定，砂浆强度等级不低于 M15。

（3）砌块墙的通缝处理

当上下皮砌块出现通缝或错缝距离不足 150mm 时，应在水平缝处加双向直径 4mm 的钢筋织成的网片，使上下皮砌块被拉结成整体。

（4）砌块墙芯柱

采用混凝土空心砌块砌筑时，应在房屋的四大角、外墙转角、楼梯间四角设芯柱，芯柱内配置从基础到屋顶的两根直径12mm 的 HPB300 级钢筋，细石混凝土强度等级一般为 C15，将其填入砌块孔中。

（5）砌块墙外墙面

砌块墙的外墙面宜做饰面，也可采用带饰面的砌块，以提高砌块墙的防渗水能力和改善墙体的热工性能。

4. 现浇钢筋混凝土楼板、装配式楼板各有哪些特点和用途？

答：（1）现浇钢筋混凝土楼板

现浇钢筋混凝土楼板是在施工现场支模、绑扎钢筋、浇筑混凝土而成的楼板。它的特点是整体性好，在地震设防烈度高的地区具有明显的优势。对有管道穿过的房间、平面形状不规整的房间、尺寸不符合模数要求的房间和防水要求较高的房间都适合现浇钢筋混凝土楼板。现浇混凝土楼板可用在平板式楼盖、单向板肋梁楼盖、双向板楼盖、井字梁楼盖和无梁楼盖中。

（2）装配式楼板

装配式楼板是指在混凝土构件预制加工厂或施工现场外预先制作，然后运到工地现场安装的钢筋混凝土楼板。预制板的长度一般与房屋的开间或进深一致，板的宽度根据制作、吊装和运输条件以及有利于板的排列组合确定。板的截面尺寸须经结构计算确定。装配式预制楼板用于工程，具有施工速度快、质量稳定等特点，但是楼盖的整体性差，造价不比现浇楼板低，抗震性能差，在高烈度地区的多层房屋建筑和使用人数较多的学校、医院等公共建筑中不能使用。

5. 地下室的防潮与防水构造做法各是什么？

答：（1）地下室的防潮构造

当地下水的常年水位和最高水位均在地坪标高以下时，须在地下室外墙外面设垂直防潮层。其做法是在墙体外表面先抹一层1∶2.5的水泥砂浆找平层，再涂一道冷底子油和两道热沥青；然后在外面回填低渗水土壤，如黏土、灰土等，并逐层夯实，土层宽度为500mm左右，以防地面雨水或其他地表水的影响。另外，地下室的所有墙体都应设两道水平防潮层，一道设在地下室地坪附近，另一道设在室外地坪以上150～200mm处，使整个地下室防潮层连成整体，以防地潮沿地下墙身或勒脚处进入室内，具体构造如图2-2所示。

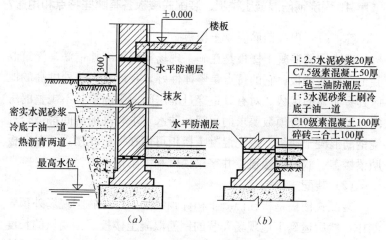

图 2-2　地下室的防潮处理

(a) 墙身防潮；(b) 地坪防潮

(2) 地下室防水构造

当设计最高水位高于地下室地坪时，地下室的外墙和底板都浸泡在水中，应对地下室进行防水处理。其方法有三种。

1) 沥青卷材防水

选用这种防水施工方案时，防水卷材的层数应按地下水的最大水头选用。最大水头小于3m，卷材为3层，水头在3～6m，卷材为4层，水头在6～12m，卷材为5层，水头大于12m，卷材为6层。

（a）外防水。外防水是将防水层贴在地下室外墙的外表面，这对防水有利，但维修困难。它的构造要点是：先在墙外侧抹1：3的水泥砂浆找平层，并刷冷底子油一道，然后选定油毡层数，分层粘贴防水卷材，防水层须高出地下水位500～1000mm为宜。油毡防水层以上的地下室侧墙应抹水泥砂浆涂两道热沥青，直至室外散水处。垂直防水层外侧砌半砖厚的保护墙一道。具体构造做法如图2-3（a）所示

（b）内防水。内防水是将防水层贴在地下室外墙的内表面，这样施工方便，容易维修，但对防水不利，故常用于修缮工程。

地下室地坪的防水构造是先铺厚约100mm的浇混凝土垫层，再以选定的油毡层数在地坪垫层上做防水层，并在防水层上抹20～30mm厚的水泥砂浆保护层，以便于上面浇筑钢筋混凝土。具体构造做法如图2-3（c）所示。

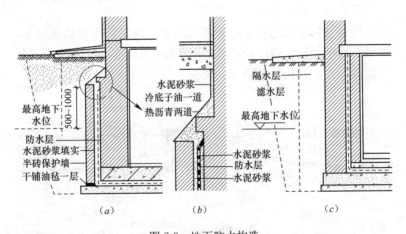

图2-3　地下防水构造

（a）外防水；（b）墙身防水层收头处理；（c）内防水

2）防水混凝土防水

当地下室地坪和墙体均为钢筋混凝土时，应采用抗渗性能好

的混凝土材料，常用的防水混凝土有普通混凝土和外加剂混凝土。普通混凝土主要是采用不同粒径的骨料进行级配，并提高混凝土中水泥砂浆的含量，使砂浆充满于骨料之间，从而填满因骨料间不密实而出现的渗水通路，以达到防水的目的。外加剂混凝土是在混凝土中掺入加气剂或密实剂，以提高混凝土的抗渗能力。

3）弹性材料防水

随着新型高分子防水材料的不断涌现，地下室的防水构造也在不断更新，如我国现阶段使用的三元乙丙橡胶卷材，能充分适应防水基层的伸缩及开裂变形，拉伸强度高，拉断延伸率大，能承受一定的冲击荷载，是耐久性很好的弹性卷材；又如聚氨酯涂膜防水材料，有利于形成完整的防水涂层，对建筑内有管道、转折和高差等特殊部位的防水处理极为有利。

6. 坡道及台阶的一般构造各有哪些主要内容？

答：（1）坡道构造

坡道材料常见的有混凝土或石块等，面层以水泥砂浆居多，对经常处于潮湿、坡度较陡或采用水磨石作面层的，其表面必须作防滑处理，其构造见图 2-4 所示。

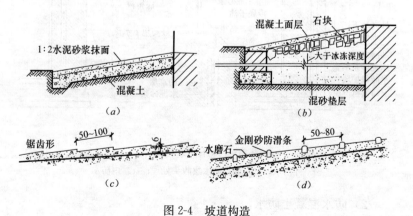

图 2-4　坡道构造

（2）室外台阶的构造

室外台阶的平台与室内地坪有一定的高差，一般为 40～50mm，而且表面向外倾斜，以免雨水流入室内。台阶构造与地坪构造相似，由面层和结构层组成，结构层材料应采用抗冻、抗水性能好且质地坚实的材料，常见的台阶基础有就地砌造、勒脚挑出、桥式三种。台阶踏步有砖砌踏步、混凝土踏步、钢筋混凝土踏步、石踏步四种。高度在 1m 以上的台阶需考虑设置栏杆或栏板。

7. 平屋顶常见的保温与隔热方式有哪几种？

答：（1）平屋顶的保温

在寒冷地区或有空调设备的建筑中，屋顶应作保温处理，以减少室内热损失，保证房屋的正常使用并降低能源消耗。保温构造处理的方法通常是在屋顶中增设保温层。油毡平屋顶保温构造做法如图 2-5 所示。

（2）坡屋顶的隔热

在气候炎热地区，夏季太阳辐射热使屋顶温度剧烈升高，为了减少传进室内的热量和降低室内的温度，屋顶应该采取隔热降温措施。屋顶隔热通常包括通风隔热屋面、蓄水隔热屋面、种植隔热屋面以及反射隔热屋面等。

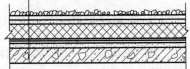

保护层：粒径3~5绿豆砂
防水层：二布三油或三毡四油
结合层：冷底子油二道
找平层：20厚1:3水泥砂浆
保温层：热工计算确定
隔汽层：一毡二油
结合层：冷底子油二道
找平层：20厚1:3水泥砂浆
结构层：钢筋混凝土屋面板

图 2-5　油毡平屋顶保温构造做法

通风隔热屋面。它通常包括架空隔热屋面，如图 2-6 所示，顶棚通风隔热屋面如图 2-7 所示。

由于蓄水隔热屋面、种植隔热屋面及反射隔热屋面使用较少，此处从略。

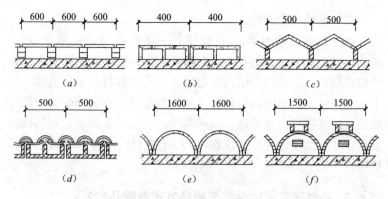

图 2-6 屋面架空隔热构造

(a) 架空预制板（或大阶砖）；(b) 架空混凝土山形板；(c) 架空钢丝网水泥折板；
(d) 倒槽板上铺小青瓦；(e) 钢筋混凝土半圆拱；(f) 1/4厚砖拱

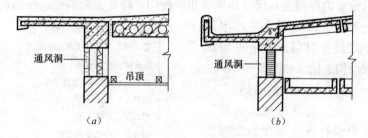

图 2-7 顶棚通风隔热构造

(a) 吊顶通风层；(b) 双槽板通风层

8. 平屋顶的防水的一般构造有哪几种?

答：平屋顶按屋面防水层的不同分为刚性防水、卷材防水、涂料防水及粉剂防水大屋面等。

（1）卷材防水屋面

卷材防水屋面是指以防水卷材和粘结剂分层粘贴而构成防水层的屋面。卷材防水屋面所用的卷材包括沥青类卷材、高分子卷材、高聚物类改性沥青卷材等。卷材防水的基本构造如图 2-8 所示。常用的油毡沥青卷材如图 2-9 所示。不上人卷材防水屋面如

图 2-10 所示；上人卷材防水屋面如图 2-11 所示。卷材屋面防水构造如图 2-12 所示。

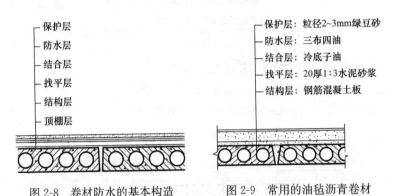

图 2-8　卷材防水的基本构造

保护层
防水层
结合层
找平层
结构层
顶棚层

图 2-9　常用的油毡沥青卷材

保护层：粒径2~3mm绿豆砂
防水层：三布四油
结合层：冷底子油
找平层：20厚1:3水泥砂浆
结构层：钢筋混凝土板

保护层：
  a.粒径3~5mm绿豆砂（普通油毡）
  b.粒径1.5~2mm石粒或砂粒（SBS油毡自带）
  c.氯丁银粉胶、乙丙橡胶的甲苯溶液加铝粉
防水层：
  a.普通沥青油毡卷材（三毡四油）
  b.高聚物改性沥青防水卷材（如SBS改性沥青卷材）
  c.合成高分子防水卷材
结合层：
  a.冷底子油
  b.配套基层及卷材胶粘剂
找平层：20厚1:3水泥砂浆
找坡层：按需要而设（如1:8水泥炉渣）
结构层：钢筋混凝土板

图 2-10　不上人卷材防水屋面

（2）刚性防水屋面

刚性防水屋面是指以刚性材料作为防水层（如防水砂浆、细石混凝土、配筋细石混凝土等）的屋面。常用的混凝土刚性防水层屋面做法如图 2-13 所示。

41

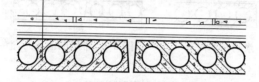

保护层：
- a.20厚1：3水泥砂浆粘贴400×400×30
  预置混凝土块
- b.现浇40厚C20细石混凝土
- c.缸砖(2~5厚玛琋脂结合层)

防水层：
- a.普通沥青油毡卷材(三毡四油)
- b.高聚物改性沥青防水卷材(如SBS改性沥青卷材)
- b.合成高分子防水卷材

结合层：
- a.冷底子油
- b.配套基层及卷材胶粘剂

找平层：20厚1：3水泥砂浆

找坡层：按需要面设(1：8水泥炉渣)

结构层：钢筋混凝土板

图 2-11　上人卷材防水屋面

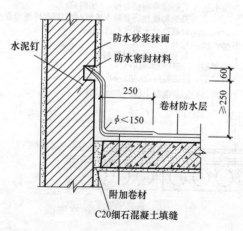

图 2-12　卷材防水屋面泛水构造

（3）涂膜防水屋面

涂膜防水屋面也叫做涂料防水屋面，它是指用可塑性和粘结力较强的高分子防水涂料直接涂刷在屋面基层上形成一层不透水的薄膜层以达到防水目的的一种屋面做法。涂膜防水屋面构造层次及常用做法如图 2-14 所示。

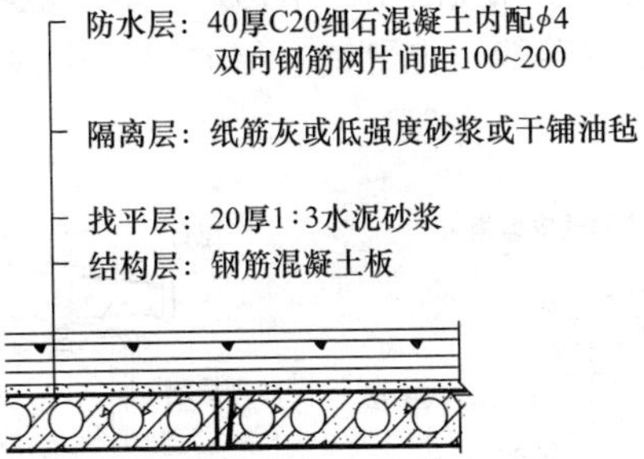

防水层：40厚C20细石混凝土内配ϕ4
双向钢筋网片间距100~200

隔离层：纸筋灰或低强度砂浆或干铺油毡

找平层：20厚1:3水泥砂浆
结构层：钢筋混凝土板

图 2-13　混凝土刚性防水层屋面做法

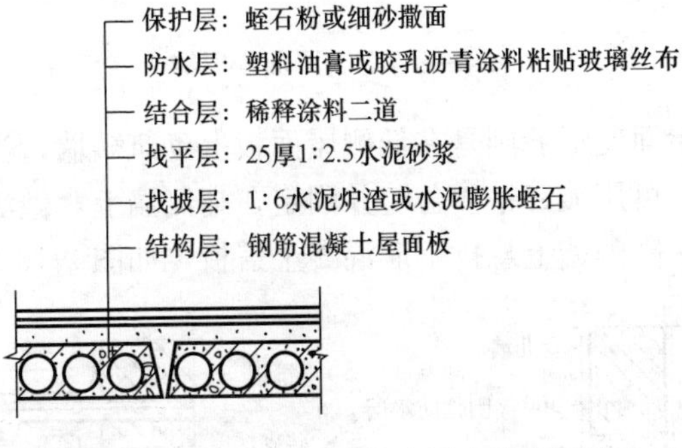

保护层：蛭石粉或细砂撒面
防水层：塑料油膏或胶乳沥青涂料粘贴玻璃丝布
结合层：稀释涂料二道
找平层：25厚1:2.5水泥砂浆
找坡层：1:6水泥炉渣或水泥膨胀蛭石
结构层：钢筋混凝土屋面板

图 2-14　涂膜防水屋面构造层次及常用做法

9. 屋面变形缝的作用是什么？它的构造做法是什么？

答：屋面变形缝的主要作用就是防止由于屋面过长和屋面形状过于复杂而在热胀冷缩影响下产生的不规则破坏，将可能发生的变形集中留在缝内。

屋面变形缝的构造处理原则是既不能影响屋面的变形，又要防止雨水从变形缝处渗入室内。

屋面变形缝按建筑设计可是在同层等高屋面上，也可设在高低屋面的交接处。

等高屋面的构造做法是：在缝两边的屋面上砌筑矮墙，以挡住屋面雨水。矮墙的高度不小于 250mm，半砖厚。屋面卷材防水层与矮墙的连接处理类同于泛水构造，缝内嵌填沥青麻丝。矮墙顶部用镀锌铁皮盖缝，也可铺一层卷材后用混凝土盖板压顶，如图 2-15 所示。

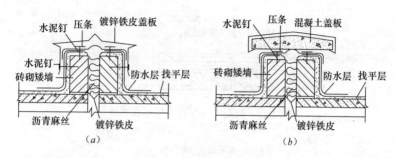

图 2-15　等高屋面变形缝

高低屋面变形缝则是在低侧屋面板上砌筑矮墙，当变形缝宽度较小时，可用镀锌铁皮盖缝并固定在高侧墙上，做法同泛水构造；也可从高侧墙上悬挑钢筋混凝土盖板，如图 2-16 所示。

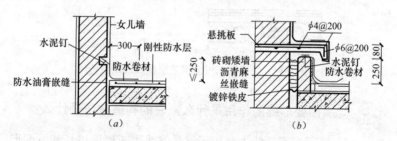

图 2-16　高低屋面变形缝泛水
(a) 女儿墙泛水；(b) 高低屋面变形缝泛水

10. 排架结构单层厂房结构一般由哪些部分组成？

答：单层工业厂房的结构体系主要由屋盖结构、柱和基础三大部分组成。单层工业厂房的结构组成如图 2-17 所示。

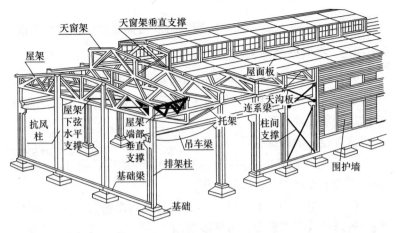

图 2-17　单层工业厂房结构组成

11. 什么是震级？什么是地震烈度？它们有什么联系和区别？

答：震级是一次地震释放能量大小的尺度，每次地震只有一个震级，世界上使用里克特震级来定义地震的强烈程度。震级越高地震造成的破坏作用越大，同一地区的烈度值就越高。

烈度是某地遭受一次特定地震后地表、地面建筑物和构筑物所遭受到影响和破坏的强烈程度，也就是某次地震所造成的影响大小的程度。特定的某次地震在不同震中距处造成的烈度可能不同，也可能在相同震中距处造成明显不同的烈度，这主要是烈度与地质地貌条件有关，也与建筑物和构筑物自身的设计施工质量和房屋的综合抗震能力有关，即一次地震可能有很多个烈度。

震级和烈度是正向相关关系，震级越大，烈度就越高；每次地震只有一个震级，但可能在不同地区或在同一地区产生不同的烈度；震级是地震释放能量大小的判定尺度，而烈度则是地震在地表上所造成后果的严重性的判定尺度，二者有联系但不是同一个概念。

12. 什么是抗震设防？抗震设防的目标是什么？怎样才能实现抗震设防目标？

答：抗震设防是指在建筑物和构筑物等设计和施工过程中，为了实现抗震减灾目标，所采取的一系列政策性、技术性、经济性措施和手段的通称。

抗震设防的目标是：

（1）当遭受低于本地区基本烈度的多遇地震影响时，一般不受损坏或不需修理可以继续使用。

（2）当遭受相当本地区基本烈度的地震影响时，可能损坏，经一般修理或不需修理仍可继续使用。

（3）当遭受高于本地区基本烈度预估的罕遇地震影响时，不致倒塌或发生危及生命的严重破坏。概括起来就是俗称的"小震不坏、中震可修，大震不倒"，并且最终的落脚点是大震不倒。

要实现抗震设防目标必须从以下几个方面着手：①从设计入手，严格遵循国家抗震设计的有关规定、规程和抗震规范的要求，从源头上设计出满足抗震要求的高质量合格的建筑作品。②施工阶段要严格质量把关和质量验收，切实执行设计文件和图纸的要求，从材料使用、工艺工序等环节着手严把质量关，切实实现设计意图，用高质量的施工保证抗震设防目标的实现。

第二节　建筑设备安装工程基础知识

1. 建筑给水和排水系统怎样分类？常用器材如何选用？

答：（1）建筑给水系统

1）生活给水系统：供给人们生活用水的系统，水量、水压应满足要求，水质必须符合国家有关生活饮用水卫生标准。

2）生产给水系统：供给各类产品制造过程中所需用水及冷却、产品和原料洗涤等用水，其水质、水压、水量因产品种类、生产工艺不同而不同。

3）消防给水系统：一般是专用的给水系统，其对水质要求不高，但必须满足建筑设计防火规范对水量和水压的要求。

（2）建筑给水方式

1）直接给水

室外管网的水直接进入室内管网。当室外给水管网的压力和水量能满足室内用水要求时，应采用这种简单、经济的给水方式。

这种给水方式有时需设置水箱来调节。采用水箱时应注意水箱中水的污染防治问题。

2）间接给水

室外管网的水通过水箱或者升压设备后进入室内管网的，用水的压力和流量基本不受给水管网的影响。

间接给水又分为以下几种方式：

① 设水箱的给水方式；

② 设水泵的给水方式；

③ 设水泵-水箱的给水方式；

④ 设气压给水设备的给水方式。

3）分区给水

高层建筑层数多，高度大，在竖向上必须分为几个区，否则会因低层管道中静水压力过大，造成管道及附件漏水、低层出水流量大、产生噪声等不利影响，严重时会损坏阀门、管道爆裂。需要说明的是分区给水属于间接给水。

（3）排水系统的分类

建筑排水系统按其排放的性质可分为生活污水、生产废水、雨水三类排水系统，也可以根据污水的性质和城市排水制度的状况，将性质相近的生活与生产废水合流。当性质相差较大时，不能采用合流制。

（4）建筑排水系统的组成

排水系统力求简单，安装正确牢固，不渗不漏，使管道运行正常。排水系统由卫生器具、排水管道、清通设备、抽升设备、通气管道系统以及局部污水处理系统组成。

1）卫生器具：卫生器具是建筑内部排水系统的起点，用来满足日常生活和生产过程中各种卫生要求，收集和排除污废水的设备。包括洗脸盆、洗手盆、洗衣盆、洗菜盆、浴盆、地漏等。

2）排水管道：由连接卫生器具的排水管、横支管、立管、排水管以及总干管组成。

3）清通设备：排水管道上的清通设备有检查井、清扫口和地面扫除口。室外管的清通设备是检查井。清通设备主要作为疏通排水管道之用。

4）抽升设备：当排水不能以重力流排至室外排水管时，必须设置局部污水抽升设备来排除内部污水。常用的抽升设备有污水泵、潜水泵、喷射泵、手摇泵及气压输水器等。

5）通气管道系统：通气管道是与排水管系相连通的一个系统，只是该管系内不通水，有补给空气加强排水管系内气流循环流动从而控制压力变化的功能，防止卫生器具水封破坏，使管道系统中散发的臭气和有害气体排到大气中去。

6）局部污水处理系统：当建筑内部污水未经处理不允许直接排入市政排水管网或水体时，须设污水局部处理系统。

2. 家庭供暖系统怎样分类？

答：家庭供暖系统包括很多环节，选择哪种供暖系统是第一步，只有明确了家庭供暖方式才能有针对性的选购产品，寻找可靠专业的安装公司。目前主流家庭供暖系统主要有水地暖、电地暖和暖气片，这三种家庭供暖系统都有各自的优势，根据自身的习惯可以选择适合自己的供暖系统。

（1）水地暖系统

水地暖又称为低温地面辐射供暖系统，水地暖的供暖方式被公认是目前舒适度最高的供暖方式。水地暖施工地面需要抬高5～7cm（不包括地面装修材料）；供暖水温不超过60℃（欧洲标准为45℃）；升温时间长需要连续开启；不能使用需要架设龙骨的地板或实木地板；地面覆盖物尽量少，特别适合挑高空间或者大开阔区域；一定注意需要连续开启使用，即开即用的使用方式不适合采用地暖系统。

（2）暖气片供暖系统

暖气片供暖系统：这是目前世界上使用得最多的供暖系统，尤其是在欧洲。暖气片供暖系统主要特点与注意事项：地面不占用层高但是需要占用墙面空间；供暖水温75℃；各个区域能非常灵活地独立控制开关；升温迅速适合间歇式使用方式；对地面装修材料无要求。严格意义上来说，暖气片供暖系统更加适合长江流域的冬季气候特点，间歇式的使用方式更加节能。

（3）电地暖

电地暖是将发热电缆埋设在地板中，以发热电缆为热源加热地板，供室内增温。发热电缆地面供暖的特点与注意事项：非常适合小面积的地面供暖需求；大面积使用投入成本与运行费用都要高于燃气系统（供暖面积 $50m^2$ 一般可以视作临界点：低于 $50m^2$ 建议选择发热电缆，超过则建议使用燃气水系统）；家庭只能使用双导线；地面需要抬高；电能是二次能源，在使用成本上来说高于一次能源类系统。

这三种家庭供暖系统使用率都很广，没有谁好谁坏之分，而且这三种供暖方式彼此并不冲突，可以采用混装模式，同时安装这三种家庭供暖。在很多舒适家居系统工程中都采用了混装的供暖方式，这样可以根据自身的需要开启合适的供暖系统，更加节能方便。

暖气选择：面积小的空间，例如卫生间，可以选择柱式散热器，可节省室内空间，且横柱上还可挂毛巾或烘烤小件衣物；对于面积较大的居室，则建议购买板式散热器。供暖分类：若是集中供暖，选择就比较多，钢制和铜铝的散热器都可以；独立供暖的家最好选择铜铝复合散热器。钢制散热器：外形美观，但怕氧化，停水时一定要充水密封。并且其对小区的供暖系统有一定要求，需专业人员上门查看。铝制散热器：不受小区供暖系统的限制，散热性较好，节能；若发现室内温度不够，还可以在供暖季之后加装暖气片。但铝材料怕碱水腐蚀，进行内防腐处理可提高使用寿命。铜铝复合散热器：承压能力高，散热效果好，防腐效果好，供暖季过后无须满水保养，没有碱化和氧化之虞，比较适合北方的水质及复杂的供暖系统，但造型较单一。暖气大致有以上几种分类，可以根据家中的需要及相关因素选择集中供暖还是独立供暖。

3. 通风工程系统怎样分类？

答：（1）按通风系统的作用范围不同可分为：

1）全面通风系统

全面通风是对整个车间或房间进行通风换气，以改变温、湿度和稀释有害物质的浓度，使作业地带的空气环境符合卫生标准的要求。

2）局部通风系统

局部通风只使室内局部工作地点保持良好的空气环境，或在有害物产生的局部地点设排放装置，不让有害物在室内扩散而直接排出的一种通风方法，局部通风系统又分局部排风和局部送风两类。

（2）按通风系统的工作动力不同，建筑通风可分为自然通风和机械通风。

1）自然通风

自然通风指依靠自然作用压力（风压或热压）使空气流动。

2）机械通风

机械通风依靠风机产生的压力强制空气流动，通过管道把空气送到室内指定地点，也可以从任意地点要求的吸气速度排除被污染的空气，并根据需要可以对进风或排风进行各种处理。机械通风根据覆盖面积和需要可分为局部通风和全面通风两种。

4. 空调系统如何分类?

答：（1）按照使用目的分

1）舒适空调。要求温度适宜，环境舒适，对温度和湿度的调节有一定的要求，用于住房、办公室、影剧院、商场、体育馆、汽车、船舶、飞机等。

2）工艺空调。对温度调节有一定的要求，另外对空气的洁净度也有较高的要求。用于电子器件生产车间、精密仪器生产车间、计算机房、生物实验室等。

（2）按照空气处理方式分

1）集中式（中央）空调。空气处理设备集中在中央空调室里，处理时的空气通过风管送至各房间的空调系统。适用于面积大、房间集中、各房间热湿负荷接近的场所选用。如宾馆、办公室、船舶、工厂等。系统维修管理方便，设备消声隔振比较容易解决。

2）半集中式空调。既有中央空调也有处理空调末端装置的空调系统。这种系统比较复杂，可以达到较高的调节精度。适用于对空气精度要求较高的车间和实验室等。局部式空调每个房间都有各自的设备处理空气的空调。空调器可以直接装在房间里或装在临近房间里，就地处理空气。适用于面积小、房间分散、热湿负荷相差较大的场合，如办公室、机房、家庭等。其他设备可以是单台独立式空调机组，如窗式、分体式空调器等，也可以是由管道集中给冷热水的风机盘管式空调器组成的系统，各房间按本室的需要调节本室的温度。

（3）按照制冷量分

1）大型空调机组。如卧式组装淋水式、表冷式空调机组，应用于大车间、电影院等。

2）中型空调机组。如冷水机组和柜式空调机等，应用于小车间、机房、会场、餐厅等。

3）小型空调机组。如窗式、分体式空调器，用于办公室、家庭、招待所等。

（4）按新风量的多少分

1）直流式系统。空调器处理的空气为全新风，送到各房间进行热湿交换后全部排放到室外，没有回风管。这种系统的特点为使用条件好、能耗大、经济性差，用于有害气体产生的车间、实验室等。

2）闭式系统。空调系统处理的空气全部再循环，不补充新风的系统。系统能耗小、卫生条件差、需要对空气中氧气再生备有二氧化碳吸收装置。用于地下建筑、游艇的空调等。

3）混合式系统。空调处理的空气由回风和新风混合而成。它兼有直流式和闭式二者的共同优点，应用比较普遍，如宾馆、剧场等空调系统。

（5）按送风速度分

①高速系统主风道风速 20～30m/s；②低速系统主风道风速 12m/s 以下。

5. 自动喷水灭火系统怎样分类？

答：由洒水喷头、报警阀组、水流报警装置（水流指示器或压力开关）等组件，以及管道、供水设施组成，并能在发生火灾时喷水的自动灭火系统。

（1）采用闭式洒水喷头的自动喷水灭火系统

1）湿式系统

准工作状态时管道内充满用于启动系统的有压水的闭式系统。

2）干式系统

准工作状态时配水管道内充满用于启动系统的有压气体的闭式系统。

3）预作用系统

准工作状态时配水管道内不充水，由火灾自动报警系统自动开启雨淋报警阀后，转换为湿式系统的闭式系统。

4）重复启闭预作用系统

能在扑灭火灾后自动关阀、复燃时再次开阀喷水的预作用系统。

（2）雨淋系统

由火灾自动报警系统或传动管控制，自动开启雨淋报警阀和启动供水泵后，向开式洒水喷头供水的自动喷水灭火系统。亦称开式系统。

（3）水幕系统

由开式洒水喷头或水幕喷头、雨淋报警阀组或感温雨淋阀，以及水流报警装置（水流指示器或压力开关）等组成，用于挡烟阻火和冷却分隔物的喷水系统。

（4）防火分隔水幕

密集喷洒形成水墙或水帘的水幕。

（5）防护冷却水幕

冷却防火卷帘等分隔物的水幕。

（6）自动喷水—泡沫联用系统

配置供给泡沫混合液的设备后，组成既可喷水又可喷泡沫的自动喷水灭火系统。

6. 智能化工程系统怎样分类？

答：智能化工程常见子系统包括：

1）消防报警系统；

2）闭路监控系统；

3）停车场管理系统；

4）楼宇自控系统；

5）背景音乐及紧急广播系统；

6）综合布线系统；

7）有线电视及卫星接收系统；

8）计算机网络、宽带接入及增值服务；

9）无线转发系统及无线对讲系统；

10）音视频系统；

11）水电气三表抄送系统；

12）物业管理系统；

13）大屏幕显示系统；

14）机房装修工程。

第三节　计算机和相关资料管理软件的应用

1. 计算机基本组成包括哪些部分？各部分的功能各有哪些？

答：（1）计算机基本组成

显示器、显示卡、主机箱和电源、主 CPU、内存、硬 U
盘、声卡、键盘、光驱、软驱和软盘、网卡、调制解调器、不间
断电源、音箱（响）、低音炮、麦克风、刻录机、打印机、扫描
仪、视频卡、采集卡、摄像头等。

（2）计算机硬件五大功能部分

计算机硬件是指有形的物理设备，它是计算机系统中实际物
理装置的总称。包括中央处理器、主存储器、辅助存储器、输入
输出设备、总线等五个部分。

1）运算器（算术逻辑单元）。运算器是计算机对数据进行加
工处理的部件，包括算术运算（加、减、乘、除等）和逻辑运算
（与、或、非、异或、比较等）。

2）控制器。控制器负责从存储器中取出指令，并对指令
进行译码；根据指令的要求，按时间的先后顺序，负责向其他
各部件发出控制信号，保证各部件协调一致地工作，一步一步
地完成各种操作。控制器主要由指令寄存器、译码器、程序计
数器、操作控制器等组成。硬件系统的核心是中央处理器
（Central Processing Unit，简称 CPU）。它主要由控制器、运算
器等组成，并采用大规模集成电路工艺制成的芯片，又称微处
理器芯片。

3）存储器。存储器是计算机记忆或暂存数据的部件。计算

机中的全部信息，包括原始的输入数据。经过初步加工的中间数据以及最后处理完成的有用信息都存放在存储器中。而且，指挥计算机运行的各种程序，即规定对输入数据如何进行加工处理的一系列指令也都存放在存储器中。存储器分为内存储器（内存）和外存储器（外存）两种。

4）输入设备。输入设备是给计算机输入信息的设备。它是重要的人机接口，负责将输入的信息（包括数据和指令）转换成计算机能识别的二进制代码，送入存储器保存。

5）输出设备。输出设备是输出计算机处理结果的设备。在大多数情况下，它将这些结果转换成便于人们识别的形式。

2. 计算机软件的功能是什么？

答：（1）计算机软件

软件是对能使计算机硬件系统顺利和有效工作的程序集合的总称。程序总是要通过某种物理介质来存储和表示的，它们是磁盘、磁带、程序纸、穿孔卡等，但软件并不是指这些物理介质，而是指那些看不见、摸不着的程序本身。可靠的计算机硬件如同一个人的强壮体魄，有效的软件如同一个人的聪颖思维。计算机的软件系统可分为系统软件和应用软件两部分。

（2）计算机软件的分类及功能

1）系统软件

系统软件是负责对整个计算机系统资源的管理、调度、监视和服务。应用软件是指各个不同领域的用户为各自的需要而开发的各种应用程序。计算机软件系统包括：

① 操作系统：系统软件的核心，它负责对计算机系统内各种软、硬资源的管理、控制和监视。

② 数据库管理系统：负责对计算机系统内全部文件、资料和数据的管理和共享。

③ 编译系统：负责把用户用高级语言所编写的源程序编译成机器所能理解和执行的机器语言。

④ 网络系统：负责对计算机系统的网络资源进行组织和管理，使得在多台独立的计算机间能进行相互的资源共享和通信。

⑤ 标准程序库：按标准格式所编写的一些程序的集合，这些标准程序包括求解初等函数、线性方程组、常微分方程、数值积分等计算程序。

⑥ 服务性程序：也称实用程序。为增强计算机系统的服务功能而提供的各种程序，包括对用户程序的装置、连接、编辑、查错、纠错、诊断等功能。为了使计算机能算得快和准、记得多和牢，数十年来，对提高单机中的中央处理器的处理速度和精度，对提高存储器的存取速度和容量作了许多改进，如：增加运算器的基本字长和提高运算器的精度；增加新的数据类型，或对数据进行自定义，使数据带有标志符，用以区别指令和数，及说明数据类型；在 CPU 内增设通用寄存器、采用变址寄存器、增加间接寻址功能和增设高速缓冲存储器和采用堆栈技术；采用存储器交叉存取技术及虚拟存储器技术；采用指令流水线和运算流水线；采用多个功能部件和增设协处理器等。

2）应用软件

应用软件是专门为某一应用目的而编制的软件，较常见的如：

① 文字处理软件。用于输入、存贮、修改、编辑、打印文字材料等，例如 WORD、WPS 等。

② 信息管理软件。用于输入、存贮、修改、检索各种信息，例如工资管理软件、人事管理软件、仓库管理软件、计划管理软件等。这种软件发展到一定水平后，各个单项的软件相互连系起来，计算机和管理人员组成一个和谐的整体，各种信息在其中合理地流动，形成一个完整、高效的管理信息系统，简称 MIS。

③ 辅助设计软件。用于高效地绘制、修改工程图纸，进行设计中的常规计算，帮助人寻求好的设计方案。

④ 实时控制软件。用于随时搜集生产装置、飞行器等的运行状态信息，以此为依据按预定的方案实施自动或半自动控制，

安全、准确地完成任务。

3. 怎样保证计算机系统安全的安全？

答：保证计算机系统安全的安全的基本措施包括：

（1）对病毒、木马、恶意软件的防护

1）防病毒软件及安全补丁的安装

① 个人办公用计算机安装：个人办公用计算机必须安装企业统一的防病毒客户端软件，并将病毒库和操作系统安全补丁升级到最新状态。

② 工业控制用计算机安装：由所在部门负责安装防病毒软件和操作系统安全补丁，安装前应进行严格的测试，并做好测试记录。

2）使用

① 用户不得随意更换防病毒软件，不得退出防病毒软件的实时监控。

② 用户应每周使用防病毒软件对计算机进行一次全盘扫描杀毒。

③ 用户在使用移动存储前应对介质进行病毒扫描，防止病毒感染。

④ 用户应严格管理其所负责的工业控制计算机上的移动存储使用，尽量不在工业控制计算机上使用移动存储，如确需使用的，应对移动存储进行病毒扫描，确认无病毒后方可使用，同时做好记录。

⑤ 服务器管理员应严格管理在其所负责的服务器使用移动存储的行为，使用前应对移动存储进行病毒扫描。

⑥ 外来人员需要将自带计算机接入厂内局域网的，由厂内项目负责人对其计算机杀毒软件安装情况进行检查，确认安装状态正常且不带病毒后方可允许接入，并做好"外来人员接入内网登记表"。

⑦ 设备工程部信息安全管理人员应每天对用户的防病毒软

件使用情况进行监控，每周进行一次扫描，每月对病毒感染与查杀情况进行一次通报。

⑧ 设备工程部为工业控制计算机提供专用杀毒 U 盘，由部门专人负责该 U 盘的管理和使用，杀毒 U 盘只能用于杀毒，不得改作他用。

3）更新

① 用户应保持所使用的计算机上的防病毒软件的更新，包括软件版本升级、病毒码更新，并及时更新操作系统安全补丁。

② 工业控制用计算机上防病毒软件和操作系统安全补丁不能设为自动更新，在更新前应对新版本进行严格的测试，测试通过后方可升级。

③ 设备工程部信息安全管理人员负责为工业控制计算机提供防病毒软件程序包和病毒代码更新包，制作专用 U 盘，由工业控制用计算机所在部门专人负责领取，并做好"专用杀毒 U 盘工具管理记录"。

4）病毒处理

① 用户计算机感染病毒后，实时监控和扫描时会自动处理，如果无法确认是否处理干净，应及时联系部门专职维护员（无专职人员的部门联系设备工程部）。

② 设备工程部信息安全管理人员每天应跟踪防病毒服务器运行日志，发现病毒必须及时处理。

③ 当内部局域网上发现有病毒传播时，设备工程部应及时对病毒进行处理，处理完成前应将受感染的计算机隔离出局域网，防止大规模传播爆发。设备工程部信息安全管理人员应对病毒的来源、感染的途径等进行追查，对造成影响的情况还应追究当事人的相关责任。

④ 设备工程部信息安全管理人员应及时发布有关新病毒的情况，包括病毒特征、感染途径、影响程度以及防范措施。

⑤ 当遇到外网大规模病毒爆发或新病毒爆发时，防病毒软件服务商来不及发布对应的病毒码，经请示后，设备工程部负责

通知并暂时关闭相关网段内计算机的通信端口。

（2）网络安全

1）网络接入

① 用户级网络设备（交换机、路由器、防火墙、代理服务器）安装接入公司内办公局域网前，应由用户提出申请报告，经用户部门设备工程部批准，由设备工程部负责安装和配置。用户不得私自将交换机、路由器、防火墙、代理服务器等设备接入厂内局域网，不得擅自修改网络设备的配置。

② 工程控制网内的网络设备由所在部门负责安装与管理。

③ 办公计算机接入：分公司的计算机需要接入公司内办公局域网的，向部门维护员提出接入申请，由部门维护员负责接入；其他部门的应填写用户申请表，向设备工程部提出接入申请，由信息组接入。

④ 外来人员需要接入公司内办公局域网的，由对应的公司内项目负责人或联系人办理接入手续。

⑤ 需要接入工程控制网的，由所在部门工程控制网管理人员负责。

⑥ 用户如需使用无线交换机、无线路由器的，应由设备工程部负责安装与配置，建立强壮的安全口令，用户不得擅自为无外网访问权限的计算机开放无线接入和提供无线上网。

2）网络安全管理

① 设备工程部负责所有办公网络设备的安装、配置、测试与调整；负责核心交换机、路由器、防火墙的日常保养；负责所有线路、接入点安装与维护；负责无专职维护员的部门计算机网络配置。

② 有专职维护员的部门负责本部门使用的网络通信设备、线路及接入点的日常保养；负责将本部门计算机的网络接入、配置。

③ 用户不得擅自修改计算机的网络设置，如确需修改的，应由部门维护员修改并通知设备工程部，无专职维护员的由设备

工程部修改。

④ 需要在部门级网络设备上或者核心网络设备上修改设置时，应按用户申请表的流程办理。

⑤ 设备工程部网络管理人员应建立详细的网络拓扑档案，内容包括网络交换机端口与子网的分配情况、线路接入点与交换机的对应表格等。

⑥ 生产现场控制设备及其相关设备所处网段应与其他子网段之间用防火墙进行隔离，如这类子网段需要与其他子网段通信的，必须按用户申请表的流程办理。

⑦ 公司局域网与其他生产点通讯应设置防火墙隔离，如用户需要与这些网段通信的，必须按用户申请表的流程办理。

⑧ 企业级核心交换设备、核心路由器、网络督查设备及核心防火墙设备原则上应配置为双机冗余。

⑨ 每年应对全公司网络安全状况进行一次全面诊断分析，找出存在的问题并尽快解决。诊断的内容包括防病毒系统运行状况、网络防火墙运行状况、服务器安全防护状况、网络安全管理机制等。

4. Word、Excel 的基本操作常识各有哪些？

答：（1）Word 基本操作

1）文字的录入、排版。包括文字的字体、大小、颜色、底纹、方向；项目符号、编号的设置；排序、查找、替换的使用；设置超链接。

2）图片、艺术字、表格的插入。

3）Word 排版首先页边上、下、左、右一般选择 2 或是 2.5 都可以。名头一般都是黑体 2 号字，正文宋体 3 号字；排版中可选择分栏、上标、下标、文字间距、文字缩放、字体大小、格式刷、格式段落里的固定值（调整字间距排表格的时候也可以用上）、插入页码、页眉、页脚。排表格的时候，插入表格以后可以先用 12 号字体，这样会好排一些。合并单元格、横向纵向分布；斜线表头、表格外线的操作。

（2）Excel 基本操作

1）数据的录入，单元格的设置，筛选和排序，查找、替换，基本函数（求和、平均）的运用，图片的插入，设置超链接。

2）Excel 汇总用很方便，自动求和用 SUM 公式。选表格右键可以调整表格行高、重复表头、合并、设置单元格式。文件筛选，移动复制工作表。

5. PowerPoint 的基本操作包括哪些内容？

答：（1）对象的添加

制作演示文稿，添加对象是最常见的操作。

1）插入文本框，文本；

2）插入图片、图形、艺术字、声音；

3）插入视频、Flash 动画；

4）插入其他演示文稿、批注插入表格。

（2）版面的设置

好的演示文稿一定需要好的版面、好的配色方案等。

1）设置幻灯片版式；

2）使用设计方案；

3）设置背景；

4）页眉页脚、日期时间；

5）修改幻灯片母板；

（3）动画设置

为对象设置动画，这是演示文稿的精华。

1）设置进入动画（动画播放方式，退出动画）；

2）自定义动画路径，调整动画顺序；

3）设置背景音乐；

4）设置强调动画（字幕式动画）；

5）设置超级链接。

（4）播放文稿

演示文稿做好了，掌握一些播放的技能和技巧可以帮你做一场漂亮的讲解。

1) 设置幻灯片切换效果（设置幻灯片放映方式）；

2) 自定义播放方式；

3) 自动播放演示文稿（PPS）；

4) 记录下放映的感受。

（5）综合应用技巧

PowerPoint 的其他技巧，掌握了这些技巧，很多事情可以事半功倍。

1) 为幻灯片配音；

2) 嵌入字体格式；

3) 提取母版；

4) 插入图示、大量文本；

5) 微量移动对象；

6) 改变超链接字体颜色；

7) 隐藏幻灯片；

8) 打印幻灯片；

9) 设置目录跳转、防止字色变化；

10) 把文稿转换为 Word 文档；

11) 把 Word 文档转换为 PPT 文档；

12) 制作自己的模板；

13) 把 PPT 转化为图片格式；

14) 提取文稿中的图片；

15) 为图片瘦身；

16) 制作电子相册。

6. 工程资料管理软件的种类、特点和功能各有哪些？

答：（1）工程资料管理软件的种类

1) 建筑工程表格

《建设工程质量管理岗位培训教材丛书—资料员》、《建筑工程资料管理规程》、建筑工程施工技术管理记录表格、《建筑业试验室新试验表格》、建筑工程施工质量验收表格、住宅工程质量分户验收管理规定、《建筑工程施工质量验收统一标准》GB 50300、《建设工程监理规范》GB/T 50319、《智能建筑工程质量验收规范》GB 50339、《住宅室内装饰装修工程质量验收规范》JGJ/T 304、《建筑节能工程施工质量验收规范》GB 50411、《建筑结构加固工程施工质量验收规范》GB 50550 等配套表格。

2）市政工程表格

市政工程参考表；城镇道路、城市桥梁、给水排水、地铁工程施工管理统一用表；《城镇道路工程施工与质量验收规范》CJJ 1、《城市桥梁工程施工与质量验收规范》CJJ 2、《城镇供热管网工程施工及验收规范》CJJ 28、《给水排水构筑物工程施工及验收规范》GB 50141、《给水排水管道工程施工及验收规范》GB 50268、《城市污水处理厂工程质量验收规范》GB 50334、《城市道路照明工程施工及验收规程》CJJ 89、《市政施工技术文件管理规定》（城建〔2002〕221 号）等配套表格。

3）安全资料表格

《建筑施工安全检查标准》JGJ 59、《施工企业安全生产评价标准》JGJ/T 77 等配套表格。

4）园林工程表格

《园林绿化工程施工及验收规范》CJJ 82、园林（绿化＋土建）工程施工技术资料及质量评定表、园林绿化工程监理表、古建筑修建工程资料等表格。

5）人防工程表格

《人民防空工程质量检验评定标准 RFJ 01—2002》配套表格。

6）消防工程表格

消防资料参考表，《自动喷水灭火系统施工及验收规范》GB 50261、《火灾自动报警系统施工及验收规范》GB 50166 等配套表格。

7）公路工程表格公路工程全套表格

涵盖公路工程现行施工及验收规范所有表格：承包人用表（A 表）、施工监理用表（B 表）、质量检验评定用表（C 表）、试验记录用表（D 表）、施工记录用表（E 表）、计量支付用表（F 表）、计划统计用表（G 表）、业主单位用表（H 表）、质量检查用表（I 表）、竣工（交工）验收用表（J 表）。

8）电力工程表格

《电力建设施工质量验收及评价规程》DL/T 5210、《电气装置安装工程　质量检验及评定规程》DL/T 5161、电力监理资料、火电工程验评表等表格。

9）水利水电表格

《水利水电单元工程施工质量验收评定标准　土石方工程》SL 631、《水利水电工程施工质量检验与评定规程》SL 176、《水利工程施工监理规范》SL 288、《水利水电建设工程验收规程》SL 223、《水利水电工程施工质量评定表填表说明与示例》（办建管〔2002〕182 号）等配套表格。

10）常用参考资料

包含海量技术规范、安全规范、施工图库、安全应急预案；建筑安装技术交底、安全交底模板，涵盖所有分部分项工程；建筑/安装/市政工程施工组织设计精选模板。

（2）特点和功能

工程资料软件除了具备普通资料软件固有的功能（填表范例、自动计算、验收资料数据逐级生成、智能评定、企业标准定制）外，还具备如下独特功能特点：

1）智能高效的表格创建、编辑、打印技术

① 强大的部位生成器。可根据质量验收计划，按楼层、施工段创建所有的验收部位。

② 批量增加资料。可批量增加具有同样验收部位的不同表格的资料。

③ 方便地查阅和调用历史工程数据。如果以前做过的工程

中填写过当前资料，可自动显示出来，通过"复制追加"或"复制替换"功能生成多份资料。

④ 自动创建表格。自动创建资料管理目录，智能生成监理报验等表格。

⑤ 高效的表格编辑功能。表格间数据任意复制粘贴，图文混排，一键保存为模板。

⑥ 批量打印技术。批量打印界面直接预览表格，发现问题，直接修改后再打印。所有包含计算的表格均可智能计算，数据可共享。

2）生成 PDF 格式电子档案，放大、打印不失真

① 用于电子档案存档。把已填资料按档案馆的组卷目录生成一个 PDF 电子档案。

② 用于数据交流。转换为 PDF 格式电子书后，提供给需要的部门进行批注、传阅。

③ 用于打印输出。转换为 PDF 格式后，可直接在未安装本软件的电脑上打印输出。特征质量验收资料一键完美生成，用户可自由控制有关参数。

3）生成工程项目管理表格，且有检查、校核的功能

① 检验批表数据自动生成。全表填充或区域填充随机数，自动添加部分超偏点。

② 分部分项表智能表头技术。软件自动创建表头，改变了同类软件的"填空"和"删除线"模式，生成的表格美观大方。

③ 多检验批合并技术。例如，模板分项工程包含"模板安装"和"模板拆除"2 个检验批，可自动汇总到同一个分项工程中，完全符合《建筑工程施工质量验收统一标准》GB 50300 的要求。

④ 时间校验，保证资料交圈

自动判断用户录入的时间，并且自动汇总下级资料时间以校验上级资料的时间从而达到时间交圈。

强大的图形处理功能。内嵌图形编辑器，可以灵活方便地绘

制建设行业常用图形，直接嵌入表格，可以实现图文混排，CAD图导入表格，让操作人面对带图的表格不再发愁。

7. 工程资料管理软件特性、操作包括哪些内容？

答：（1）工程管理软件特性

1）多用户个性化操作：管理员可以分配不同的操作员，每个操作员的工程信息相互独立，个性化操作。

2）工程概况信息维护：可以方便地添加平时常用的工程概况信息，以便下次调用方便快捷。

3）表头数据自动生成：表头信息，如工程名称、施工单位等通用信息，一个工程只需输入一次，一劳永逸。

4）分部分项汇总表自动生成：分部分项评定、单位工程评定等评定汇总表，制作起来劳神费力，用此自动生成功能，可实现分部分项汇总表的快速生成。

5）先进的模板管理功能：系统提供模块管理，用户可以直接取用模块管理树中的数据，也可以扩充模板库中数据。利用模板管理功能可以迅速填写技术资料。

6）随心所欲的导出导入：优秀的导入、导出功能，能实现不同资料数据的共享。

7）模糊查找功能：迅速定位所需填制的资料，方便快捷。

8）批量制作批量打印：再不用守在打印机旁，一张又一张地打印，利用批量制作批量打印，可以节省大量时间。

（2）工程管理软件的操作

1）充分理解工程资料管理软件的特性，熟练掌握工程资料管理软件的使用、管理和维护的基本知识和技能。

2）积累充分、翔实的第一手工程管理、工程技术、工程试验等资料。

3）利用工程资料管理软件强大的管理功能，做好资料的收集、编辑、组卷和归档工作。

4）科学建立工程资料管理台账，便于资料的日常管理和使用，发挥工程资料在项目管理中应有的作用。

8. 应用工程资料管理软件技术进行资料编辑的方法包括哪些内容？

答：（1）工程资料分类

工程资料分为文字资料和影像资料。文字资料又有管理资料、技术资料、竣工资料。

1）管理资料

管理资料包括工程正式开工前的一些前期资料和开工后的所有资料。有开竣工报告、各种会议纪要，还有一些申报材料、资质复印件等。

2）技术资料

技术资料分为质检资料和试验资料，质检资料是施工现场质量控制过程中形成的文字资料，具体又包括单位工程、分部分项工程、隐蔽工程等质检资料。

3）试验资料

试验资料包括各种试验汇总表、评定表、试验报告等。试验报告有厂家自检报告和施工单位复检报告，要注意分开组卷。

（2）工程资料收集及编辑

1）平时要注意收集各类工程资料并分类；

2）在日常资料管理中注意资料的系统性和完善收集、归档；

3）在日常资料管理中注意资料的编号保管；

4）按照国家或当地备案管理机构的要求对报备工程的资料组卷。

5）尊重监理工程师，虚心接受其指导，发现疏漏及时完善。

6）运用工程资料管理软件对工程资料进行规范、科学系统管理。

9. 应用工程资料管理软件技术进行资料组卷的方法有哪些？

答：（1）组卷

组卷是指从检验批—分项—子分部—分部—单位工程的一个过程。一般资料软件都有组卷功能，如果是为了整理竣工资料，可以按照控制资料/试验资料/检验批—分项—子分部—分部/统表这几大类来进行。

（2）组卷方法

每一份工程资料表格均对应于各卷内的卷内目录、分项目录，所列表格实例均为施工过程中形成的重要工程资料，具有典型性；既体现了各项资料时间、部位、签认、归档等具体内容，又说明了工程质量的内涵。同时将每一份表格所涉及的施工技术规范和标准中有关工程资料的要求，结合工程实践情况较为详细的说明，具有实际操作性。

（3）竣工档案管的组卷

做工程竣工档案馆的资料时，还应注意按照当地城建档案馆的要求进行。检验批、分项、子分部、分部、单位工程表格，相应的合格证、检验报告，施工总结及各种竣工试验报告。

10. 怎样进行工程资料电子文件的安全管理？

答：（1）电子文档的特点

电子文档的定义可以理解为一种文字材料，它一般是以磁盘、光盘和计算机盘片等为载体，电子文档一般有电子图书、图纸、报表形式，表现出了它在人们生活中的重要性，电子文档有很多的特点，它的特点主要有：

1）电子文档的存储介质多样，方便存储。电子文档方便储存，它不单只是被存储在计算机中，还可以被存储在各种介质中，如光盘、U盘，还有各种娱乐设备如MP4，甚至我们随身携带的手机都可以存储电子文档信息。

2）电子文档的记录信息，容易编辑和修改。电子文档方便编写，只要有电脑甚至是手机，我们就可以来编辑文字，而且它也方便修改，不用像纸质文档那样因修改而变得不那么整洁，对电子文档进行修改不会留下什么痕迹，不会影响美观。

3）信息文件传递方便，不会像纸质文件那样繁琐，它的传递只需轻点鼠标，利用网络就可以实现，方便快捷。

4）文件内容容易复制。纸质文件的复制需要我们发挥大量的时间来动手抄写或者是利用特定的复印机进行复印，浪费时间和精力，而电子文档只需要单击鼠标选择复制，就可以复制想要的数量。电子文档还有很多其他的优点。

（2）工程资料电子文件的安全管理措施

1）文档存放在服务器，集中管理，统一备份。

2）灵活的目录和文档目录层次结构，可轻松应对文档的分类和归档。

3）通过扫描仪实现客户资料、销售资料、生产资料、财务单据、人事资料等档案的批量电子化；多方式的批量导入，实现电子文件的快速归档。

4）通过设置用户的系统功能使用权限，从而限制用户对文档的操作。

5）通过设置目录和文档的授权，让用户对其不可见或只能浏览、编辑和完全等操作。

6）文档被修改后，系统自动保存旧版本并生成新版本、记录新版本的创建时间和创建者。

7）通过文档基本信息、索引信息和文档内容快速查到需要的文档。

8）办公桌面为使用者呈现每天必须了解的常用文档、临时借入的文档以及当天工作要处理文档。

9）通过文档操作记录和系统操作日志，管理者随时掌握文档的情况。

11. 电子文档安全管理系统功能有哪些？

答：电子文档安全管理系统功能如下：

（1）Rier NasSafety 电子文档安全管理系统以"安全网关"的形式部署在存储网络主路环境中，用户通过 Rier NasSafety 电子文档安全管理系统访问 NAS 系统或文件服务器系统。

（2）Rier NasSafety 电子文档安全管理系统具备满足保密规定的 4A 级安全功能：包括符合保密要求的强身份认证（Authority）；基于分级保护的访问控制（Access）；基于分权管理的安全管理（Administrate）；基于细粒度的日志审计（Audit）。

（3）Rier NasSafety 电子文档安全管理系统采用 USB key 等双因子身份认证，实现用户身份的鉴别。

（4）强化对 NAS 系统或文件服务数据文件目录的安全管理。

1）文件服务器目录除了常规的属性之外，NasSafety 增加了"密级"属性，即实现对数据文件目录进行标密，按照国家保密局文件的要求，标密的密级为："内部"、"秘密"和"机密"等。

2）具有用户组织机构管理功能，实现对组织机构用户标密管理。

3）除了常规的组织机构管理功能外，对于节点中的用户，设置"密级属性"。按照国家保密局的要求，标密的密级为："内部"、"秘密"和"机密"等。

4）及时收集整理，收发文件材料种类，分数明确登记。

第四节　文秘、公文写作基本知识

1. 公文中命令、决定、公告的写作要领分别有哪些？

答：命令、通告、通知写作的要领分别如下：

（1）命令

1）了解命令的用途。《国家行政机关公文处理办法》规定命令适用于依照有关法律发布行政法规和规章；宣布施行重大强制性行政措施；嘉奖有关单位及人员。

2）了解命令的特点。命令的权威性和强制性极强。

3）了解命令的分类。命令主要包括发布令、行政令、嘉奖令三种。

（2）决定

1）掌握决定的用途。《国家行政机关公文处理办法》规定决定适用于对重要事项或者重大行动作出安排，奖惩有关单位及人员，变更或者撤销下级机关不适当的决定事项。

2）了解决定的特点。决定是一种重要的指挥性和约束性公文。党政机关、社会团体和企事业单位对某些重要事项或者重大行动作出安排，都可以用决定。

3）了解决定的分类。按照具体用途和内容的不同，可将决定分为两类，一类是对重要事项作出的决定，一类是对重大行动作出安排的决定。

（3）公告

掌握公告的用途：《国家行政机关公文处理办法》规定公告适用于向国内外宣布重要事项或者法定事项。

2. 公文中通告、通知、通报的写作要领分别有哪些？

答：通告、通知、通报的写作要领分别如下：

（1）通告

1）通告的用途。《国家行政机关公文处理办法》规定通告适用于公布社会各有关方面应当遵守或者周知的事项。

2）写法。①标题。通告的标题有多种写法，一是完全式标题，包括发文机关、事由和文种；二是省去事由，只写发文机关和文种；三是省略发文机关，由事由和文种构成，四是只有文种，也就是"通告"。②正文：通告的正文一般由开头、主体、结尾三部分构成。开头概述发文的目的，主体写明通告事项，结尾写明执行要求等，惯用的结束语有"特此通告"等，结尾也可省略。

3）写作公告、通告的注意事项。①要写得通俗；②要写得具体；③要写得清楚。

（2）通知

1）通知的用途。《国家行政机关公文处理办法》规定通知适用于批转下级机关的公文，转发上级机关和不相隶属机关的公文，传达要求下级机关办理和需要有关单位周知或者执行的事项，任免人员。

2）通知的特点。通知是上级机关向下级机关传达指示、批转下级机关的公文、转发上级机关和不相隶属机关的公文，布置工作与周知事项时所用的一种下行公文，有时也是告知有关单位需要周知或共同执行的事项的平行文种。通知用得最为广泛，因而使用频率很高。通知具有使用范围的广泛性、文种使用的晓谕性和行文方向的不确定性等特点。

3）通知的分类。按内容和功用的不同，通知可以划分为批示性通知、指示性通知、告知性通知、任免通知四大类。

（3）通报

1）通报的用途。通报是国家机关、社会团体、企事业单位用以表彰先进、批评错误，传达重要精神或通报有关情况的公文。

2）通报的分类：根据内容不同，通报可以分为表彰性通报、批评性通报和情况通报三种。第一表彰性通报，是用来表彰先进单位和个人，介绍先进经验或事迹，树立典型，号召大家学习的通报。第二批评性通报，是用来批评、处分错误，以示警诫，要求被通报者和大家吸取教训的通报。第三情况通报，是在一定范围内传达重要情况和动向，以指导面上工作为目的的通报。

3）通报的写法。通报一般由标题、正文和落款三部分组成。其各部分的格式、内容和写法要求如下：①标题。通常有两种构成形式：一种是由发文机关名称、事由和文种组成，如《国务院办公厅关于对少数地方和单位违反国家规定集资问题的通报》；另外一种是由事由和文种构成，如《关于给不顾个人安危勇于救人的王××同志记功表彰的通报》。此外，有少数通报的标题是在文种前冠以机关单位名称，如《中共××市纪律检查委员会通报》；也有的通报标题只有文种名称。②主送机关。除普发性通报外，其他通报应该标明主送机关。③正文。通报正文的结构通常由开头、主体和结尾等部分组成。开头说明通报缘由；主体说明通报决定；结尾提出通报的希望和要求。不同类别的通报，其内容和写法有所不同。

4）通报的特点。第一，严肃性；第二，教育性；第三，典型性；第四，时间性。

3. 公文中议案、报告、请示、批复的写作要领分别有哪些?

答：（1）议案

1）议案的用途。适用于各级人民政府按照法律程序向同级人民代表大会或人民代表大会常务委员会提请审议事项。是指国家大会代表，大会常务委员会向本届大会提出，并请求大会予以审议的文书。

2）议案的特点。议案一般涉及重大问题，具有建议性、可行性特点。《宪法》第72条规定："全国人民代表和全国人民代表大会常务委员会组成人员，有权依照法律规定的程序分别提出属于全国人民代表大会和全国人民代表大会常务委员会职权范围内的议案"。

3）议案的写法。全文由标题、主送机关、正文、落款组成。正文包括提出议案的案由、案据和方案三部分。议案撰写要目的明确，理由充分，文字简洁，忌用命令口气。

4）写作议案的注意事项。第一，要依照国家法律规定的职权范围行文；第二，要言之有理。

（2）报告

1）报告的用途。适用于向上级机关汇报工作，反映情况，答复上级机关的询问。

2）报告的种类。按性质的不同划分为：综合报告、专题报告；按行文的直接目的不同，可将报告划分为：呈报性报告、呈转性报告。

3）报告的写法。①标题。报告的标题常见的形式有两种，一种是由发文机关、事由和文种构成；另一种是由事由和文种构成。②正文。报告正文的结构一般由开头、主体和结语等部分组成。开头。主要交代报告的缘由，概括说明报告的目的、意义或根据，然后用"现将××情况报告如下"一语转入下文。③主体。这是报告的核心部分，用来说明报告事项。它一般包括两方面内容：一是工作情况及问题；二是进一步开展工作的意见。在不同类型的报告中，正文中报告事项的内容可以有所侧重。工作报告在总结情况的基础上，重点提出下一步工作安排意见，大多都采用序号、小标题区分层次。建议报告的重点应放在建议的内容上，也可以采用标序列述的方法。答复报告则根据真实、全面的情况，按照上级机关的询问和要求回答问题，陈述理由。递送报告，只需要写清楚报送的材料（文件、物件）的名称、数量即可。结语，根据报告种类的不同，一般都有不同的程式化用语，应另起段来写。工作报告和情况报告的结束语常用"特此报告"；建议报告常用"以上报告，如无不妥，请批转各地执行"；答复报告多用"专此报告"；递送报告则用"请审阅""请收阅"等。④落款。如果标题中有发文机关名称，这里不再署名。而一般情况下，要求在右下方署上机关单位或主要负责人姓名。之后，于其下写明年、月、日，并加盖单位公章或主要负责人印章。

（3）请示

1）请示的用途。请示适用于向上级机关请求指示、批准。请示是下级机关向上级机关请求决断、指示、批示或批准事项所使用的呈批性公文。

2）请示的分类。根据内容、性质的不同，请示分为请求指示的请示、请求批准的请示。

3）请示的写法。①标题。请示的标题一般有两种构成形式：

74

一种是由发文机关名称、事由和文种构成。另一种是由事和文种构成。②主送机关。请示的主送机关是指负责受理和答复该文件的机关。每件请示只能写一个主送机关，不能多头请示。③正文。其结构一般由开头、主体和结语等部分组成。a. 开头。主要交代请示的缘由。它是请示事项能否成立的前提条件，也是上级机关批复的根据。原因讲的客观、具体，理由讲的合理、充分、上级机关才好及时决断，予以有针对性的批复。b. 主体。主要说明请求事项。它是向上级机关提出的具体请求，也是陈述缘由的目的所在。这部分内容要单一，只宜请求一件事。另外请示事项要写的具体、明确、条项清楚，以便上级机关给予明确批复。④结语。应另起段，习惯用语一般有"当否，请批示"，"妥否，请批复"，"以上请示，请予审批"或"以上请示如无不妥，请批转各地区、各部门研究执行"等。⑤落款。一般包括署名和成文时间两个项目内容。标题写明发文机关的，这里可不再署名，但需加盖单位公章，成文时间×××× 年 ×× 月 ×× 日。

4）撰写请示应注意的事项。①要正确选用文种。②要做到一文一事。③要避免多头请示。④要避免越级请示。⑤报告与请示的区别，第一，具体功用不同；第二，内容含量不同；第三，行文时机不同。

（4）批复

1）批复的用途。《国家行政机关公文处理办法》规定：批复适用于答复下级机关的请示事项。下级机关遇有本单位无权、无力、无法解决的事项需要向上级机关请示时，上级机关就使用"批复"这一文种答复请示事项。批复的内容主要是对请示事项明确表态，或同意，或不同意，或部分同意，有时还对请示事项作出修正、补充。

2）批复同复函的区别。第一，行文方向有所不同；第二，重要程度有所不同。

3）重点掌握批复的写法。批复的结构通常包括标题、主送机关、正文、落款几个部分。①标题。批复的标题有多种构成形式：第一种是由发文机关名称、批复事项、行文对象和文种构成；第二种是由发文机关名称、事由和文种构成；第三种是由事由和文种构成；第四种是由发文机关名称加原件标题和文种构成。②主送机关。批复的主送机关是指与批复相对应的请示发文机关。授权性的批复，主送机关应当是被授权发布施行行政法规和规章的下级机关。③正文。正文是批复的主体，其内容比较具体单一，层次构成相对固定。其中除授权性批复与一般批复的写法有所不同外，其他批复的结构一般由开头、主体和结语三部分组成。开头通过引叙来文以说明批复缘由。首先点明批复的下级机关并写明来文日期、标题和文号，以交代批复的根据。主体主要说明批复事项。应当根据国家的方针、政策、法令、法规和实际情况，针对"请示"的内容给予明确肯定（或否定）的答复或具体的指示，一般不进行议论。也有的批复，在批复事项后面概括提出希望和要求，进一步强调批复的主旨。④结语。一般用"此复""特此批复"等习惯用语。⑤落款。一般包括署名和成文时间两个项目内容。署名写上批复机关单位名称，并加盖公章；成文时间写明年、月、日。

4）写作批复的注意事项。第一，要态度鲜明；第二，要全面周详；第三，要迅速及时。

4. 公文中意见、函的写作要领分别有哪些？

答：（1）意见

1）意见的用途。《国家行政机关公文处理办法》规定：适用于对重要问题提出见解和处理办法。

2）意见的写法。一般包括标题、成文时间、正文等几个部分。有时在成文时间前注明发文机关名称；如果以文件形式行文下发，还应有主送机关。①标题：由发文机关事由和文种构成，如《关于职工医疗保障制度改革扩大试点的意见》。②成文时间：可在标题之下或正文之后注明。③正文：包括发文缘由和具体意见两部分，有时还有贯彻执行的要求。

3）了解写作意见的注意事项。第一，看法要明确；第二，办法要具体。

（2）函

1）函的用法。《国家行政机关公文处理办法》规定。函适用于不相隶属机关之间相互商洽工作、询问和答复问题，或者向有关主管部门请求批准事项。

2）函的分类。按发文目的分。函可以分为发函和复函两种。发函即主动提出公事事项所发出的函。复函则是为回复对方所发出的函。按内容的不同，划分为知照函、催办函、邀请函等。

3）函的写法。①标题。公函的标题一般有两种形式。一种是由发文机关名称、事由和文种构成。另一种是由事由和文种构成。②主送机关。即受文并办理来函事项的机关单位，于文首顶格写明全称或者规范化简称，其后用冒号。③正文。其结构一般由开头、主体、结尾、结语等部分组成。（a）开头。主要说明发函的缘由。一般要求概括交代发函的目的、根据、原因等内容，然后用"现将有关问题说明如下："或"现将有关事项函复如下："等过渡语转入下文。复函的缘由部分，一般首先引叙来文的标题、发文字号，然后再交代根据，以说明发文的缘由。（b）主体。这是函的核心内容部分，主要说明致函事项。函的事项部分内容单一，一函一事，行文要直陈其事。无论是商洽工作，询问和答复问题，还是向有关主管部门请求批准事项等，都要用简洁得体的语言把需要告诉对方的问题、意见叙写清楚。如果属于复函，还要注意答复事项的针对性和明确性。（c）结尾。一般用礼貌性语言向对方提出希望。或请对方协助解决某一问题，或请对方及时复函，或请对方提出意见或请主管部门批准等。（d）结语。通常应根据函询、函告、函商或函复的事项，选择运用不同的结束语。如"特此函询（商）"、"请即复函"、"特此函告"、"特此函复"等。有的函也可以不用结束语，如属便函，可以像普通信件一样，使用"此致"、"敬礼"。（e）结尾落款。一般包括署名和成文时间两项内容。署名机关单位名称，写明成文时间年、月、日；并加盖公章。

4）写作函的注意事项。第一，文种的选用要正确；第二，内容要简洁；首先要注意行文简洁明确，用语把握分寸。无论是平行机关或者是不相隶属的行文，都要注意语气平和有礼，不要倚势压人或强人所难，也不必逢迎恭维、曲意客套。至于复函，则要注意行文的针对性，答复的明确性。第三，措辞要得体。

5. 会议纪要的写作要领有哪些？

答：（1）会议纪要的用途

适用于记载和传达会议情况和议定事项。

（2）会议纪要的种类

按内容和功用的不同，划分为指示性会议纪要、通报性会议纪要、消息性会议纪要。按会议性质的不同，划分为日常行政工作会议纪要、大型专题工作会议纪要。

（3）会议纪要的写法

会议纪要的写法因会议内容与类型不同而有所不同。就总体而言，一般由标题、正文、落款构成。标题和正文的写法。①标题。会议纪要的标题有单标题和双标题两种形式。（a）单标题：由"会议名称+文种"构成。如《全国城市爱国卫生现场经验交流会纪要》、《关于改革××局、××局管理体制的会议纪要》等。（b）三要素构成的标题：发文机关、会议名称和文种构成，如《××集团公司经理办公室会议纪要》。（c）双标题：由"正标题+副标题"构成。正标题揭示会议主旨，副标题标示会议名称和文种。②正文。公议纪要正文的结构由前言、主体和结尾三部分组成。（a）前言。首先概括交代会议的名称、时间、地点、主持人、主要议程、参加人员、会议形式以及会议主要的成果，然后用"现将这次会议研究的几个问题纪要如下："或"现将会议主要精神纪要如下："等语句转入下文。这项内容主要用以简述会议基本情况，所以文字必须十分简练。具体写法常见的有两种：第一种：平列式。将会议的时间、地点，参加人员和主持人、会议议程等基本情况采用分条列出的写法。这种写法多见于办公会议纪要。第二种：鱼贯式。将会议的基本情况作为一段概述，使人看后对会议有个轮廓了解。（b）主体。是会议纪要的核心内容，主要记载会议情况和会议结果。写作时要注意紧紧围绕中心议题，把会议的基本精神，特别是会议形成的决定、决议，准确地表达清楚。对于会议上有争议的问题和不同意见，必须如实予以反映。另外，在具体写法上，不同类型的会议纪要，写法也有不同。决议型纪要，主要根据中心议题，着重把会议形成的决定、决议的具体内容一一表述清楚。综合性纪要，主体内容则侧重于突击会议的指导思想，全面介绍会议的基本情况。常见的写法有三种：第一条文式写法。就是把会议议定的事项分点写出来。办公会议纪要、工作会议纪要多用这种写法。第二综述式写法。就是将会议所讨论、研究的问题综合成若干部分，每个部分谈一个方面的内容。较复杂的工作会议或经验交流会议纪要多用这种写法。第三摘记式写法。就是把与会人员的发言要点记录下来。一般在记录发言人首次发言时，在其姓名后用括号注明发言人所在单位和职务。为了便于把握发言内容，有时根据会议议题，在发言人前面冠以小标题，在小标题下写发言人的名字。一些重要的座谈会纪要，常用这种写法。（c）结尾。属于选择性项目。一般是向受文单位提出希望和要求。有的则没有这部分，主体内容写完，全文即告结束。落款：包括署名和成文时间两项内容。③落款署名只用于办公会议纪要，写明召开会议的机关单位名称。一般会议纪要则不需要署名，不加盖公章。至于成文时间，如果在首部已注明，就不再写。

（4）写作会议纪要的注意事项

第一，要做好会议记录；第二，要突出会议要点；第三，要善于整理会议意见。

6. 怎样进行工程项目资料、图纸等档案的收集、管理工作？

答：（1）负责工程项目的所有图纸的接收、清点、登记、发放、归档、管理工作：在收到工程图纸并进行登记以后，按规定向有关单位和人员签发，由收件方签字确认。负责收存全部工程项目图纸，且每一项目应收存不少于两套正式图纸，其中至少一套图纸有设计单位图纸专用章。竣工图采用散装方式折叠，按资料目录的顺序，对建筑平面图、立面图、剖面图、建筑详图、结构施工图等建筑工程图纸进行分类管理。

（2）收集整理施工过程中所有技术变更、洽商记录、会议纪要等资料并归档：负责对每日收到的管理文件、技术文件进行分类、登录、归档。负责项目文件资料的登记、受控、分办、催办、签收、用印、传递、立卷、归档和销毁等工作。负责做好各类资料积累、整理、处理、保管和归档立卷等工作，注意保密的原则。来往文件资料收发应及时登记台账，视文件资料的内容和性质准确及时递交项目经理批阅，并及时送有关部门办理。确保设计变更、洽商的完整性，要求各方严格执行接收手续，所接收到的设计变更、洽商，须经各方签字确认，并加盖公章。设计变更（包括图纸会审纪要）原件存档。所收存的技术资料须为原件，无法取得原件的，详细背书，并加盖公章。做好信息收集、汇编工作，确保管理目标的全面实现。

7. 资料员参加分部分项工程的验收具体的工作内容有哪些?

答：（1）负责备案资料的填写、会签、整理、报送、归档：负责工程备案管理，实现对竣工验收相关指标（包括质量资料审查记录、单位工程综合验收记录）作备案处理。对桩基工程、基础工程、主体工程、结构工程备案资料核查。严格遵守资料整编要求，符合分类方案、编码规则，资料份数应满足资料存档的需要。

（2）监督检查施工单位施工资料的编制、管理，做到完整、及时，与工程进度同步：对施工单位形成的管理资料、技术资料、物资资料及验收资料，按施工顺序进行全程督查，保证施工资料的真实性、完整性、有效性。

（3）按时向公司档案室移交：在工程竣工后，负责将文件资料、工程资料立卷移交公司。文件材料移交与归档时，应有"归档文件材料交接表"，交接双方必须根据移交目录清点核对，履行签字手续。移交目录一式二份，双方各持一份。

（4）负责向市城建档案馆的档案移交工作：提请城建档案馆对列入城建档案馆接收范围的工程档案进行预验收，取得《建设工程竣工档案预验收意见》，在竣工验收后将工程档案移交城建档案馆。

（5）指导工程技术人员对施工技术资料（包括设备进场开箱资料）的保管：指导工程技术人员对施工组织设计及施工方案、技术交底记录、图纸会审记录、设计变更通知单、工程洽商记录等技术资料分类保管交资料室。指导工程技术人员对工作活动中形成的，经过办理完毕的，具有保存价值的文件材料、一项基建工程进行鉴定验收时归档的科技文件材料、已竣工验收的工程项目的工程资料分级保管交资料室。

8. 资料员负责计划、统计的管理工作的具体内容是什么？

答：（1）负责对施工部位、产值完成情况的汇总、申报，按月编制施工统计报表：在平时统计资料基础上，编制整个项目当月进度统计报表和其他信息统计资料。编报的统计报表要按现场实际完成情况严格审查核对，不得多报、早报、重报、漏报。

（2）负责与项目有关的各类合同的档案管理：负责对签订完成的合同进行收编归档，并开列编制目录。作好借阅登记，不得擅自抽取、复制、涂改，不得遗失，不得在案卷上随意划线、抽拆。

（3）负责向销售策划提供工程主要形象进度信息：向各专业工程师了解工程进度、随时关注工程进展情况，为销售策划提供确实、可靠的工程信息。

9. 资料员负责工程项目的内业管理工作的具体内容是什么？

答：（1）协助项目经理做好对外协调、接待工作：协助项目经理对内协调公司、部门间，对外协调施工单位间的工作。做好与有关部门及外来人员的联络接待工作，树立企业形象。

（2）负责工程项目的内业管理工作：汇总各种内业资料，及时准确统计，登记台账，报表按要求上报。通过实时跟踪、反馈监督、信息查询、经验积累等多种方式，保证汇总的内业资料反映施工过程中的各种状态和责任，能够真实地再现施工时的情况，从而找到施工过程中的问题所在。对产生的资料进行及时的收集和整理，确保工程项目的顺利进行。有效地利用内业资料记录、参考、积累，为企业发挥它们的潜在作用。

（3）负责工程项目的后勤保障工作：负责做好文件收发、归档工作。负责部门成员考勤管理和日常行政管理等经费报销工作。负责对竣工工程档案整理、归档、保管，便于有关部门查阅调用。负责公司文字及有关表格等打印。保管工程印章，对工程盖章登记，并留存备案。

第三章 岗位知识

第一节 资料管理相关的管理规定和标准

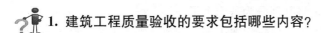 **1. 建筑工程质量验收的要求包括哪些内容？**

答：工程质量验收的要求包括如下内容：

（1）建筑工程施工质量符合《建筑工程施工质量验收统一标准》GB 50300 及相关专业验收规范的规定；

（2）建筑工程施工应符合工程勘察、设计文件的要求；

（3）建筑工程施工质量验收的各方人员应具备规定的资格；

（4）参加工程施工质量验收均应在施工单位自行检查评定的基础上进行；

（5）隐蔽工程在隐蔽之前应由施工单位通知有关单位进行验收，并形成验收文件；

（6）涉及结构安全的试块、试件以及有关材料，应按规定进行见证取样检测；

（7）检验批的质量应按主控项目和一般项目验收；

（8）对涉及结构安全和使用功能的重要分部工程应进行抽样检测；

（9）承担见证取样检测及有关结构安全检测的单位应具有相应资质；

（10）工程的观感质量应由验收人员通过现场检查，并应共同确认。

2. 建筑工程施工质量验收是怎样划分的？

答：按照《建筑工程施工质量验收统一标准》GB 50300 的

规定，建筑工程质量验收又划分为单位工程、分部工程、分项工程和检验批。

(1) 单位工程可将具有独立施工条件并能形成独立使用功能的建筑物及构筑物划分为一单位工程；建筑规模较大的单位工程，可将其能形成独立使用功能的部分划分为一个子单位工程。

(2) 分部工程的划分应按专业性质、工程部位确定。当分部工程较大或较复杂时，可按材料种类、施工特点、施工顺序、专业系统及类别将其划分为若干个子分部工程。

(3) 分项工程应按主要工种、材料、施工工艺、设备类别等进行划分，分项工程可由一个或若干个检验批组成。

(4) 检验批可根据施工及质量控制和专业验收需要按工程量、楼层、施工段、变形缝进行划分。

(5) 室外工程可根据专业类别和工程规模划分子单位工程、分部工程和分项工程。

3. 地基与基础分部工程中各子分部工程检验批怎样划分？

答：地基与基础分部工程中各子分部工程、分项工程划分如表 3-1 所示。

地基与基础分部工程中各子分部工程、分项工程划分 表 3-1

分部工程	子分部工程	分项工程
地基与基础	地基	素土、灰土地基，砂和砂石地基，土工合成材料地基，粉煤灰地基，强夯地基，注浆地基，预压地基，砂石桩复合地基，高压旋喷注浆地基，水泥土搅拌桩地基，土和灰土挤密桩复合地基，水泥粉煤灰碎石桩复合地基，夯实水泥土桩复合地基
	基础	无筋扩展基础，钢筋混凝土扩展基础，筏形与箱形基础，钢结构基础，钢管混凝土结构基础，型钢混凝土结构基础，钢筋混凝土预制桩基础，泥浆护壁成孔灌注桩基础，干作业成孔桩基础，长螺旋钻孔压灌桩基础，沉管灌注桩基础，钢桩基础，锚杆静压桩基础，岩石锚杆基础，沉井与沉箱基础

分部工程	子分部工程	分项工程
地基与基础	基坑支护	灌注桩排桩围护墙，板桩围护墙，咬合桩围护墙，型钢水泥土搅拌墙，土钉墙，地下连续墙，水泥土重力式挡墙，内支撑，锚杆，与主体结构相结合的基坑支护
	地下水控制	降水与排水，回灌
	土方	土方开挖，土方回填，场地平整
	边坡	喷锚支护，挡土墙，边坡开挖
	地下防水	主体结构防水，细部构造防水，特殊施工法结构防水、排水，注浆

4. 主体分部工程中各子分部工程、分项工程怎样划分？

答：主体分部工程中各子分部工程、分项工程划分如表 3-2 所示。

主体分部工程中各子分部工程、分项工程划分   表 3-2

分部工程	子分部工程	分项工程
主体结构	混凝土结构	模板，钢筋，混凝土，预应力，现浇结构，装配式结构
	砌体结构	砖砌体，混凝土小型空心砌块砌体，石砌体，配筋砌体，填充墙砌体
	钢结构	钢结构焊接，紧固件连接，钢零部件加工，钢构件组装及预拼装，单层钢结构安装，多层及高层钢结构安装，钢管结构安装，预应力钢索和膜结构，压型金属板，防腐涂料涂装，防火涂料涂装
	钢管混凝土结构	构件现场拼装，构件安装，钢管焊接，构件连接，钢管内钢筋骨架，混凝土
	型钢混凝土结构	型钢焊接，紧固件连接，型钢与钢筋连接，型钢构件组装及预拼装，型钢安装，模板，混凝土

分部工程	子分部工程	分项工程
主体结构	铝合金结构	铝合金焊接，紧固件连接，铝合金零部件加工，铝合金构件组装，铝合金构件预拼装，铝合金框架结构安装，铝合金空间网格结构安装，铝合金面板，铝合金幕墙结构安装，防腐处理
	木结构	方木与原木结构，胶合木结构，轻型木结构，木结构的防护

5. 装饰装修分部工程中各子分部工程、分项工程怎样划分？

答：装饰装修分部工程中各子分部工程、分项工程划分如表 3-3 所示。

装饰装修分部工程中各子分部工程、分项工程划分　表 3-3

分部工程	子分部工程	分项工程
建筑装饰装修	建筑地面	基层铺设，整体面层铺设，板块面层铺设，木、竹面层铺设
	抹灰	一般抹灰，保温层薄抹灰，装饰抹灰，清水砌体勾缝
	外墙防水	外墙砂浆防水，涂膜防水，透气膜防水
	门窗	木门窗安装，金属门窗安装，塑料门窗安装，特种门安装，门窗玻璃安装
	吊顶	整体面层吊顶，板块面层吊顶，格栅吊顶
	轻质隔墙	板材隔墙，骨架隔墙，活动隔墙，玻璃隔墙
	饰面板	石板安装，陶瓷板安装，木板安装，金属板安装，塑料板安装
	饰面砖	外墙饰面砖粘贴，内墙饰面砖粘贴

分部工程	子分部工程	分项工程
建筑装饰装修	幕墙	玻璃幕墙安装,金属幕墙安装,石材幕墙安装,陶板幕墙安装
	涂饰	水性涂料涂饰,溶剂型涂料涂饰,美术涂饰
	裱糊与软包	裱糊,软包
	细部	橱柜制作与安装,窗帘盒和窗台板制作与安装,门窗套制作与安装,护栏和扶手制作与安装,花饰制作与安装

6. 建筑屋面分部工程中各子分部工程、分项工程怎样划分?

答:建筑屋面分部工程中各子分部工程、分项工程划分如表 3-4 所示。

建筑屋面分部工程中各子分部工程、分项工程划分 表 3-4

分部工程	子分部工程	分项工程
屋面	基层与保护	找坡层和找平层,隔汽层,隔离层,保护层
	保温与隔热	板状材料保温层,纤维材料保温层,喷涂硬泡聚氨酯保温层,现浇泡沫混凝土保温层,种植隔热层,架空隔热层,蓄水隔热层
	防水与密封	卷材防水层,涂膜防水层,复合防水层,接缝密封防水
	瓦面与板面	烧结瓦和混凝土瓦铺装,沥青瓦铺装,金属板铺装,玻璃采光顶铺装
	细部构造	檐口,檐沟和天沟,女儿墙和山墙,水落口,变形缝,伸出屋面管道,屋面出入口,反梁过水孔,设施基座,屋脊,屋顶窗

7. 建筑给水排水及供暖分部工程中各子分部工程、分项工程怎样划分？

答：建筑给水排水及供暖分部工程中各子分部工程、分项工程划分如表 3-5 所示。

建筑给水排水及供暖分部工程中各子分部工程、分项工程划分

表 3-5

分部工程	子分部工程	分项工程
建筑给水排水及供暖	室内给水系统	给水管道及配件安装，给水设备安装，室内消火栓系统安装，消防喷淋系统安装，防腐，绝热，管道冲洗、消毒，试验与调试
	室内排水系统	排水管道及配件安装，雨水管道及配件安装，防腐，试验与调试
	室内热水系统	管道及配件安装，辅助设备安装，防腐，绝热，试验与调试
	卫生器具	卫生器具安装，卫生器具给水配件安装，卫生器具排水管道安装，试验与调试
	室内供暖系统	管道及配件安装，辅助设备安装，散热器安装，低温热水地板辐射供暖系统安装，电加热供暖系统安装，燃气红外辐射供暖系统安装，热风供暖系统安装，热计量及调控装置安装，试验与调试，防腐，绝热
	室外给水管网	给水管道安装，室外消火栓系统安装，试验与调试
	室外排水管网	排水管道安装，排水管沟与井池，试验与调试
	室外供热管网	管道及配件安装，系统水压试验，土建结构，防腐，绝热，试验与调试
	建筑饮用水供应系统	管道及配件安装，水处理设备及控制设施安装，防腐，绝热，试验与调试

分部工程	子分部工程	分项工程
	建筑中水系统及雨水利用系统	建筑中水系统、雨水利用系统管道及配件安装，水处理设备及控制设施安装，防腐，绝热，试验与调试
	建筑中水系统及雨水利用系统	建筑中水系统、雨水利用系统管道及配件安装，水处理设备及控制设施安装，防腐，绝热，试验与调试
建筑给水排水及供暖	游泳池及公共浴池水系统	管道及配件系统安装，水处理设备及控制设施安装，防腐，绝热，试验与调试
	水景喷泉系统	管道系统及配件安装，防腐，绝热，试验与调试
	热源及辅助设备	锅炉安装，辅助设备及管道安装，安全附件安装，换热站安装，防腐，绝热，试验与调试
	监测与控制仪表	检测仪器及仪表安装，试验与调试

8. 建筑电气分部工程中各子分部工程、分项工程怎样划分?

答：建筑电气分部工程中各子分部工程、分项工程划分如表3-6所示。

建筑电气分部工程中各子分部工程、分项工程划分　表3-6

分部工程	子分部工程	分项工程
建筑电气	室外电气	变压器、箱式变电所安装，成套配电柜、控制柜（屏、台）和动力、照明配电箱（盘）及控制柜安装，梯架、支架、托盘和槽盒安装，导管敷设，电缆敷设，管内穿线和槽盒内敷线，电缆头制作、导线连接和线路绝缘测试，普通灯具安装，专用灯具安装，建筑照明通电试运行，接地装置安装

分部工程	子分部工程	分项工程
建筑电气	变配电室	变压器、箱式变电所安装，成套配电柜、控制柜（屏、台）和动力、照明配电箱（盘）安装，母线槽安装，梯架、支架、托盘和槽盒安装，电缆敷设，电缆头制作、导线连接和线路绝缘测试，接地装置安装，接地干线敷设
	供电干线	电气设备试验和试运行，母线槽安装，梯架、支架、托盘和槽盒安装，导管敷设，电缆敷设，管内穿线和槽盒内敷线，电缆头制作、导线连接和线路绝缘测试，接地干线敷设
	电气动力	成套配电柜、控制柜（屏、台）和动力配电箱（盘）安装，电动机、电加热器及电动执行机构检查接线，电气设备试验和试运行，梯架、支架、托盘和槽盒安装，导管敷设，电缆敷设，管内穿线和槽盒内敷线，电缆头制作、导线连接和线路绝缘测试
	电气照明	成套配电柜、控制柜（屏、台）和照明配电箱（盘）安装，梯架、支架、托盘和槽盒安装，导管敷设，管内穿线和槽盒内敷线，塑料护套线直敷布线，钢索配线，电缆头制作、导线连接和线路绝缘测试，普通灯具安装，专用灯具安装，开关、插座、风扇安装，建筑照明通电试运行
	备用和不间断电源	成套配电柜、控制柜（屏、台）和动力、照明配电箱（盘）安装，柴油发电机组安装，不间断电源装置及应急电源装置安装，母线槽安装，导管敷设，电缆敷设，管内穿线和槽盒内敷线，电缆头制作、导线连接和线路绝缘测试，接地装置安装
	防雷及接地	接地装置安装，防雷引下线及接闪器安装，建筑物等电位连接，浪涌保护器安装

9. 智能建筑分部工程中各子分部工程、分项工程怎样划分？

答：智能建筑分部工程中各子分部工程、分项工程划分如表 3-7 所示。

智能建筑分部工程中各子分部工程、分项工程划分　表 3-7

分部工程	子分部工程	分项工程
智能建筑	智能化集成系统	设备安装，软件安装，接口及系统调试，试运行
	信息接入系统	安装场地检查
	用户电话交换系统	线缆敷设，设备安装，软件安装，接口及系统调试，试运行
	信息网络系统	计算机网络设备安装，计算机网络软件安装，网络安全设备安装，网络安全软件安装，系统调试，试运行
	综合布线系统	梯架、托盘、槽盒和导管安装，线缆敷设，机柜、机架、配线架安装，信息插座安装，链路或信道测试，软件安装，系统调试，试运行
	移动通信室内信号覆盖系统	安装场地检查
	卫星通信系统	安装场地检查
	有线电视及卫星电视接收系统	梯架、托盘、槽盒和导管安装，线缆敷设，设备安装，软件安装，系统调试，试运行
	公共广播系统	梯架、托盘、槽盒和导管安装，线缆敷设，设备安装，软件安装，系统调试，试运行
	会议系统	梯架、托盘、槽盒和导管安装，线缆敷设，设备安装，软件安装，系统调试，试运行

分部工程	子分部工程	分项工程
智能建筑	信息导引及发布系统	梯架、托盘、槽盒和导管安装，线缆敷设，显示设备安装，机房设备安装，软件安装，系统调试，试运行
	时钟系统	梯架、托盘、槽盒和导管安装，线缆敷设，设备安装，软件安装，系统调试，试运行
	信息化应用系统	梯架、托盘、槽盒和导管安装，线缆敷设，设备安装，软件安装，系统调试，试运行
	建筑设备监控系统	梯架、托盘、槽盒和导管安装，线缆敷设，传感器安装，执行器安装，控制器、箱安装，中央管理工作站和操作分站设备安装，软件安装，系统调试，试运行
	火灾自动报警系统	梯架、托盘、槽盒和导管安装，线缆敷设，探测器类设备安装，控制器类设备安装，其他设备安装，软件安装，系统调试，试运行
	安全技术防范系统	梯架、托盘、槽盒和导管安装，线缆敷设，设备安装，软件安装，系统调试，试运行
	应急响应系统	设备安装，软件安装，系统调试，试运行
	机房	供配电系统，防雷与接地系统，空气调节系统，给水排水系统，综合布线系统，监控与安全防范系统，消防系统，室内装饰装修，电磁屏蔽，系统调试，试运行
	防雷与接地	接地装置，接地线，等电位联接，屏蔽设施，电涌保护器，线缆敷设，系统调试，试运行

10. 通风与空调分部工程中各子分部工程、分项工程怎样划分？

答：通风与空调分部工程中各子分部工程、分项工程划分如表 3-8 所示。

通风与空调分部工程中各子分部工程、分项工程划分 表 3-8

分部工程	子分部工程	分项工程
通风与空调	送风系统	风管与配件制作，部件制作，风管系统安装，风机与空气处理设备安装，风管与设备防腐，旋流风口、岗位送风口、织物（布）风管安装，系统调试
	排风系统	风管与配件制作，部件制作，风管系统安装，风机与空气处理设备安装，风管与设备防腐，吸风罩及其他空气处理设备安装，厨房、卫生间排风系统安装，系统调试
	防排烟系统	风管与配件制作，部件制作，风管系统安装，风机与空气处理设备安装，风管与设备防腐，排烟风阀（口）、常闭正压风口、防火风管安装，系统调试
	除尘系统	风管与配件制作，部件制作，风管系统安装，风机与空气处理设备安装，风管与设备防腐，除尘器与排污设备安装，吸尘罩安装，高温风管绝热，系统调试
	舒适性空调系统	风管与配件制作，部件制作，风管系统安装，风机与空气处理设备安装，风管与设备防腐，组合式空调机组安装，消声器、静电除尘器、换热器、紫外线灭菌器等设备安装，风机盘管、变风量与定风量送风装置、射流喷口等末端设备安装，风管与设备绝热，系统调试

分部工程	子分部工程	分项工程
通风与空调	恒温恒湿空调系统	风管与配件制作，部件制作，风管系统安装，风机与空气处理设备安装，风管与设备防腐，组合式空调机组安装，电加热器、加湿器等设备安装，精密空调机组安装，风管与设备绝热，系统调试
	净化空调系统	风管与配件制作，部件制作，风管系统安装，风机与空气处理设备安装，风管与设备防腐，净化空调机组安装，消声器、静电除尘器、换热器、紫外线灭菌器等设备安装，中、高效过滤器及风机过滤器单元等末端设备清洗与安装，洁净度测试，风管与设备绝热，系统调试
	地下人防通风系统	风管与配件制作，部件制作，风管系统安装，风机与空气处理设备安装，风管与设备防腐，过滤吸收器、防爆波活门、防爆超压排气活门等专用设备安装，系统调试
	真空吸尘系统	风管与配件制作，部件制作，风管系统安装，风机与空气处理设备安装，风管与设备防腐，管道安装，快速接口安装，风机与滤尘设备安装，系统压力试验及调试
	冷凝水系统	管道系统及部件安装，水泵及附属设备安装，管道冲洗，管道、设备防腐，板式热交换器，辐射板及辐射供热、供冷地埋管，热泵机组设备安装，管道、设备绝热，系统压力试验及调试
	空调（冷、热）水系统	管道系统及部件安装，水泵及附属设备安装，管道冲洗，管道、设备防腐，冷却塔与水处理设备安装，防冻伴热设备安装，管道、设备绝热，系统压力试验及调试

分部工程	子分部工程	分项工程
通风与空调	冷却水系统	管道系统及部件安装，水泵及附属设备安装，管道冲洗，管道、设备防腐，系统灌水渗漏及排放试验，管道、设备绝热
	土壤源热泵换热系统	管道系统及部件安装，水泵及附属设备安装，管道冲洗，管道、设备防腐，埋地换热系统与管网安装，管道、设备绝热，系统压力试验及调试
	水源热泵换热系统	管道系统及部件安装，水泵及附属设备安装，管道冲洗，管道、设备防腐，地表水源换热管及管网安装，除垢设备安装，管道、设备绝热，系统压力试验及调试
	蓄能系统	管道系统及部件安装，水泵及附属设备安装，管道冲洗，管道、设备防腐，蓄水罐与蓄冰槽、罐安装，管道、设备绝热，系统压力试验及调试
	压缩式制冷（热）设备系统	制冷机组及附属设备安装，管道、设备防腐，制冷剂管道及部件安装，制冷剂灌注，管道、设备绝热，系统压力试验及调试
	吸收式制冷设备系统	制冷机组及附属设备安装，管道、设备防腐，系统真空试验，溴化锂溶液加灌，蒸汽管道系统安装，燃气或燃油设备安装，管道、设备绝热，试验及调试
	多联机（热泵）空调系统	室外机组安装，室内机组安装，制冷剂管路连接及控制开关安装，风管安装，冷凝水管道安装，制冷剂灌柱，系统压力试验及调试
	太阳能供暖空调系统	太阳能集热器安装，其他辅助能源、换热设备安装，蓄能水箱、管道及配件安装，防腐，绝热，低温热水地板辐射采暖系统安装，系统压力试验及调试
	设备自控系统	温度、压力与流量传感器安装，执行机构安装调试，防排烟系统功能测试，自动控制及系统智能控制软件调试

11. 电梯分部工程中各子分部工程、分项工程怎样划分？

答：电梯分部工程中各子分部工程、分项工程划分如表 3-9 所示。

电梯分部工程中各子分部工程、分项工程划分　表 3-9

分部工程	子分部工程	分项工程
电梯	电力驱动的曳引式或强制式电梯	设备进场验收，土建交接检验，驱动主机，导轨，门系统，轿厢，对重，安全部件，悬挂装置，随行电缆，补偿装置，电气装置，整机安装验收
	液压电梯	设备进场验收，土建交接检验，液压系统，导轨，门系统，轿厢，对重，安全部件，悬挂装置，随行电缆，电气装置，整机安装验收
	自动扶梯、自动人行道	设备进场验收，土建交接检验，整机安装验收

12. 建筑节能分部工程中各子分部工程、分项工程怎样划分？

答：建筑节能分部工程中各子分部工程、分项工程划分如表 3-10 所示。

建筑节能分部工程中各子分部工程、分项工程划分 表 3-10

分部工程	子分部工程	分项工程
建筑节能	围护系统节能	墙体节能，幕墙节能，门窗节能，屋面节能，地面节能
	供暖空调设备及管网节能	供暖节能，通风与空调设备节能，空调与供暖系统冷热源节能，空调与供暖系统管网节能
	电气动力节能	配电节能，照明节能
	监控系统节能	监测系统节能，控制系统节能
	可再生能源	地源热泵系统节能，太阳能光热系统节能，太阳能光伏节能

13. 室外工程分部工程中各子分部工程、分项怎样划分？

答：室外工程划分如表 3-11 所示。

室外工程的划分   表 3-11

单位工程	子单位工程	分部工程
室外设施	道路	路基、基层、面层、广场与停车场、人行道、人行地道、挡土墙、附属构筑物
	边坡	土石方、挡土墙、支护
附属建筑及室外环境	附属建筑	车棚、围墙，大门，挡土墙
	室外环境	建筑小品，亭台，水景，连廊，花坛，场坪绿化，景观桥

14. 建筑工程施工质量验收包括哪些内容？

答：（1）检验批验收

检验批质量合格应符合下列规定：

1）主控项目和一般项目的质量经抽样检验合格。

2）具有完整的施工操作依据、质量检查记录。

检验批的质量合格条件，有资料检查、主控项目检验和一般项目检验等方面。

（2）分项工程质量验收

分项工程质量合格应符合下列规定：

1）分项工程所含的检验批均应符合合格质量的规定。

2）分项工程所含的检验批的质量验收资料应完整。

分部工程质量合格的条件是，只要构成分项工程的各检验批的验收资料文件完整，并且均已验收合格，则分项工程验收合格。

（3）分部工程质量验收

分部（子分部）工程质量合格应符合下列规定：

1）分部（子分部）工程所含分项工程质量均应验收合格。

2）质量控制资料完整。

3）地基与基础、主体结构和设备安装等分部工程有关安全及功能（按标准应称为安全功能、使用功能、主要功能）的检验和抽样检测结果应符合有关规定。

4）观感质量验收符合要求。

分部工程验收的基本条件是：在其所含分项工程验收的基础上进行；分部工程的各分项工程必须已验收合格且相应的质量控制资料文件必须完整，此外，由于各分项工程性质不完全相同，需增加涉及安全及使用功能的地基基础、主体结构、有关安全及重要使用功能的安装分部工程应进行有关见证取样试验或抽样检测、观感质量验收两类检查项目。

（4）单位（子单位）工程质量验收

单位工程质量验收也称质量竣工验收，是建筑工程投入使用前的最后一次验收，也是最重要的一次验收。验收合格的条件有五个：除构成单位工程的各分部工程应该合格，质量控制资料应完整以外，还要填写单位工程质量控制资料检查记录。

涉及安全使用功能的分部工程应按规定进行检验资料的复查。不仅要全面检查其完整性（不得有漏检缺项），而且对分部工程验收时补充进行的见证抽样检验报告也要复核。

对主要功能还要进行抽查。抽查项目是在检查资料文件的基础上由参加验收的各方人员商定，并由计量、计算的抽样方法确定检查部位。检查要求按照有关专业工程施工质量验收标准要求进行，并填写单位工程安全和功能检验资料检查和主要功能抽查记录。

最后，还需要参加验收人员进行观感质量抽查。填写单位工程观感质量检查记录，并确认其检查结果，最后关头商定是否验收。

单位（子单位）工程质量验收应符合下列规定：

1）单位（子单位）工程所含分部（子分部）工程的质量均应验收合格。

2）质量控制资料完整。

3）单位（子单位）工程所含的分部工程有关安全和功能的检测资料应完整。

4）主要功能项目的抽查结果应符合专业质量验收规范的规定。

5）观感质量验收符合要求。

15. 建筑工程质量验收程序和组织要求各有哪些?

答：（1）检验批及分项工程验收程序和组织要求

检验批及分项工程应由监理工程师（建设单位项目技术负责人）组织施工单位项目专业质量（技术）负责人等进行验收。

检验批和分项工程是建筑工程的质量基础，验收前，施工单位应先填写好"检验批和分项工程的质量验收记录"（有关经历记录和结论不填），并由项目专业质量检验员和项目专业技术负责人分别在检验批和分项工程质量检验记录相关栏中签字，然后由监理工程师组织，严格按规定程序组织验收。

（2）分部工程验收程序和组织要求

分部工程应由总监理工程师（建设单位项目技术负责人）组织施工单位项目负责人和技术、质量负责人等进行验收；地基与基础、主体结构分部工程的勘察、设计单位工程项目负责人和施工单位技术、质量部门负责人也应参加相应分部工程验收。

对于分部（子分部）工程验收的组织者及参加验收的相关单位和人员规定的原则是：工程监理实行总监理工程师负责制，因此分部工程应由总监理工程师（建设单位项目技术负责人）组织施工单位项目负责人和技术、质量负责人等进行验收。因为地基基础、主体结构的主要技术资料和质量问题归技术部门和质量部门掌握，所以规定施工单位技术、质量部门负责人也应参加验收。

由于地基基础、主体结构技术性能要求严格，技术性强，关系到整个工程安全，因此，规定这些分部工程的勘察、设计单位工程项目负责人也应参加相关分部工程的质量验收。

（3）单位工程验收程序和组织要求

单位工程完工后，施工单位应自行组织有关人员进行检查评定，并向建设单位提交工程验收报告。建设单位收到工程验收报告后，由建设单位（项目）负责人组织施工（含分包单位）、设计、监理等单位（项目）负责人进行单位（子单位）工程验收。

单位工程完工后，施工单位首先要依据质量标准、设计图纸等组织有关人员进行自检，并对检验结果进行评定，符合要求后向建设单位提交工程质量验收报告和完整的质量资料，请建设单位组织验收。单位工程质量验收应由建设单位负责人或项目负责人组织，设计、施工单位负责人或项目负责人及施工单位的技术、质量负责人和监理单位的总监理工程师均应参加验收。

16. 建设工程项目管理组织与任务各有哪些？

答：建设工程项目管理组织与任务主要包括以下主要内容：

（1）建设工程项目管理组织。即与工程项目建设各方相关的项目管理组织，包括建设单位、设计单位、施工单位的项目管理组织，也包括工程总承包单位、代建单位、项目管理单位等参建方的项目管理组织。

（2）建设工程项目管理人员的执业资格。从事工程项目管理的各单位和各专业的专业技术人员，应当具有相应的执业资格；项目承包单位的项目管理人员也应具有施工员、安全员、质量员、预算员、资料员、机械员、劳务员、标准员等相应的从业岗位证书，并应经过专业技能培训并取得从业资格证书。

（3）建设工程项目管理的任务。主要包括确定项目管理范围，编制项目管理规划大纲，建立项目管理组织，编制项目管理实施规划，项目合同管理，项目质量管理，项目职业健康安全管理，项目环境管理，项目成本管理，项目资源管理，项目信息管理，项目风险管理、项目沟通、项目收尾。

（4）建设工程项目管理的程序。编制项目管理规划大纲，编制投标书并进行投标，签订施工合同，选定项目经理，项目经理接受企业法定代表人的委托组建项目经理部，企业法定代表人与项目经理签订，项目经理部编制《项目管理实施规划》，进行项目开工前的准备，施工期间按《项目管理实施规划》进行管理，在项目竣工验收阶段进行竣工结算，清理各种债权债务，移交资料和工程，进行经济分析，做出项目经理总结报告并兑现《项目管理目标责任书》中的奖惩承诺，项目经理部解体，在保修期满前企业管理层根据《工程质量保修书》的约定进行项目回访和保修。

17. 监理实施的要求有哪些？

答：在我国境内从事建设工程监理活动的企业，应按照规定取得工程监理企业资质，并在工程监理企业资质证书许可的范围内从事监理活动。

建设工程监理企业实施监理活动必须具有相应的资质，接受建设单位的委托，承担其项目管理工作，并代表建设单位对工程承包单位的施工活动进行监控的专业化服务活动。其项目管理工作包括安全管理、投资控制、进度控制、质量控制、合同管理、信息管理和组织与协调工作。工程监理企业是指依法取得企业法人营业执照，具有监理资质证书的依法从事建设监理业务的经济组织。

18. 建设工程监理人员有关资料管理的职责有哪些？

答：（1）总监理工程师应履行主持整理工程项目简历资料的职责。

（2）专业监理工程师根据本专业监理工作实施情况做好监理日记；负责本专业监理资料的收集、汇总及整理，参与编写监理月报；核查进场材料、设备、构配件原始凭证、检测报告等质量证明文件及其质量情况，根据实际情况认为有必要时对进场材料、设备、构配件进行平行检验，合格时予以签认；负责本专业的工程计量工作，审计工程计量的数据和原始凭证。

（3）监理员有关资料管理应履行以下职责：检查承包单位投

入工程项目的人力、材料、主要设备及其使用、运行情况，并做好记录；复核或从施工现场直接获取工程计量的有关数据并签署原始凭证；按设计图及有关标准，对承包单位的工艺过程或施工工序进行检查和记录，对加工制作及工序质量检查结果进行记录；承担旁站工作，发现问题及时指出并向专业监理工程师报告；做好监理日记和有关的监理记录。

19. 监理资料管理的要求有哪些？监理资料管理工作流程是什么？

答：（1）监理资料管理的要求

建设工程监理资料是监理单位在工程监理过程中履行经理职责，收集形成的资料；从监理单位进场开始，到完成竣工验收并履行完成其合同约定的监督管理职责为止。监理资料包括监理管理资料（B1）、工程进度控制资料（B2）、工程质量控制资料（B3）、工程造价控制资料（B4）、合同管理资料（B5）和竣工验收资料（B6）六类。监理资料的收集按工程过程分类，组卷按规程分类。

（2）监理资料管理工作流程

监理资料管理工作流程如图 3-1 所示。

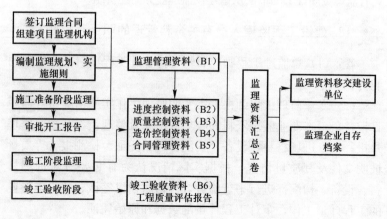

图 3-1　监理资料管理工作流程

20. 建筑施工组织设计内容有哪些？

答：施工组织设计不仅具有指导施工现场施工的作用，还要对工程商务运作进行规划。施工组织设计除了施工组织与技术措施，还需包含单位工程施工的经济效益分析，成本控制等措施。具体包括如下内容：

（1）封面。一般包含工程名称、施工组织设计或专项施工方案、编制单位、编制时间、编制人、审批人、编制企业标识。

（2）目录。可以让使用人了解施工组织设计或专项施工方案的各组成部分，快速而方便地找到所需的内容。

（3）编制依据。国家与工程建设法律、法规和政策要求，主管部门的批文及要求，主要有工程合同、施工图纸、技术图集，所需的标准、规范、规程等，工程预算及定额，建设单位施工条件以及施工企业的生产能力、机具设备状况、技术水平、施工现场的勘察资料等，有关的参考资料及施工组织设计实例等。

（4）工程概况。简述工程概况和施工特点，包括：工程名称、工程地址、建设单位、设计单位、监理单位、质量监督单位、施工总包方、主要分包方的基本情况；合同的性质、合同的范围、合同的工期、工程的难点与特点、建筑专业设计概况、结构专业设计概况、其他专业设计概况等；建设地点的地质、水质、气温、风力等；施工技术和管理水平，水、电、场地、道路及四周环境，材料、构件、机械和运输工具的情况等。

（5）施工方案：是从时间、空间、工艺、资源等方面确定施工顺序、施工方法、施工机械和技术组织措施等内容。

（6）施工进度计划。计算各分项工程的工程量、劳动量和机械台班量，从而计算工作持续时间、班组人数，编制施工进度计划。

（7）施工准备工作及各项资源需要量计划。编制施工准备工作计划和劳动力、主要材料、施工机具、构件及半成品的需要量计划等。

（8）施工现场平面图。确定起重运输机械的布置，搅拌站、仓库、材料和构件堆场、加工场的位置，现场运输道路的布置，管理和生活临时设施及临时水电管网的布置等内容。

（9）主要经济技术指标。主要包括工期指标、质量和安全指标、实物消耗量指标、成本指标和投资额指标等。

（10）文明施工技术措施。主要包括施工现场及周边环境卫生、噪声治理、扰民问题解决方案，社区精神文明建设，文明施工费用计划安排等。

（11）新技术、新材料和新工艺的使用。对工程项目施工中可能采用的新技术、新工艺、新材料的使用情况、效果、效益等的分析。

（12）其他。如冬期施工措施，极端气候条件下的应对措施等。

对于一般常见的建筑结构类型和规模不大的建筑工程，其施工组织设计可以编写得简单一些，其内容一般以施工方案、施工进度计划、施工平面图为主，同时辅以简单的文字说明即可。

21. 建筑施工组织设计编制的要求有哪些？

答：施工组织设计编制要求包括如下内容：

（1）技术文件层次划分。施工组织设计是对一个项目工程的战略性的宏观部署，具有指导性；方案是每个分部或分项工程的战略计划，需要细致、全面、明确；措施交底是针对作业层编制的细化的施工安排，须突出可操作性。

（2）工程难点、重点和特点的体现。充分考虑施工中可能遇到的各种情况，针对工程设计和施工条件的特点制定切实可行的施工方法和保障措施。

（3）合同内容的体现。施工组织设计的编制应满足合同条件的约束，将各方权利和义务具体化。

（4）经济效益的保障。施工组织设计必须提供合理的施工组织、工序安排、施工方法和施工机械的选择，在确保工程质量的前提下，减少成本投入，为实现经济效益目标提供条件。

（5）技术措施合理。施工组织设计必须符合工程设计和现场条件，施工方法先进、恰当、合理、可行。

（6）体现创新意识、反映现场施工水平。施工组织设计应体现出管理的创新意识，反映出现场的管理水平，通过细化的施工组织管理保证整个项目的有机运作。

（7）编制各类施工组织设计均应进行多方案比较，选择技术先进、可行、可靠、优质、低成本及工序进度合理，能加速过程整体按其或提前交工的方案，以提高业主和施工企业双方的低投入、高产出的经济效果。

22. 施工组织设计的编制和审批包括哪些内容？

答：施工组织设计的编制和审批应符合下列规定：

（1）施工组织设计应由项目负责人主持编制，可根据需要分阶段编制和审批。

（2）施工组织总设计应由总承包单位技术负责人审批；单位施工组织设计应由施工单位技术负责人或技术负责人授权的技术人员审批；施工方案由项目技术负责人审批；重点、难点分部（分项）工程和专项工程应由施工单位技术部门组织专家评审，施工单位技术负责人批准。

（3）由专业承包单位施工的分部（分项）工程或专项工程的施工方案，应由专业承包单位技术负责人或技术负责人授权的技术人员审批；有总承包时，应由总承包单位项目技术负责人核准备案。

（4）规模较大的分部（分项）工程和专项工程的施工方案应按单位工程施工组织设计进行编制和审批。

有些跨越时间很长的分期分批建设的项目，还有些项目如地基基础、主体结构、装饰装修和机电设备安装等不是由一个总承包单位完成的，此外，还有一些特殊情况的项目，对于这些项目，在征得建设单位同意的情况下，施工单位可分阶段编制施工组织设计。

23. 安全专项施工方案的主要内容有哪些?

答:安全专项施工方案是对某个具体的分部分项工程如深基坑、高大模板等,针对施工中的难点、要点,编制专门的方案指导施工。进行安全检查时,要根据专项安全施工方案进行检查。安全专项施工方案包括如下内容:

(1)工程概况。危险性较大的分部、分项工程概况、施工平面布置、施工要求和技术保证条件。

(2)编制依据。相关法律、法规、规范性文件、标准、规范及图纸(国标图集)、施工组织设计等。

(3)施工计划。施工进度计划、材料与设备计划等。

(4)施工工艺技术。技术参数、工艺流程、施工方法、检查验收等。

(5)施工安全保证措施。组织保障、技术措施、应急预案、监测基坑等。

(6)劳动力计划。专职安全生产管理人员、特种作业人员等。

(7)计算书及相关图纸。

24. 安全专项施工方案的基本编制的原则、编制的框架各是什么?

答:收集各种资料和做好调查研究工作是编制安全专项施工方案的基础,要做到考虑全面、重点突出,方案可行并具有先进性。编制前应对企业实际施工情况做到清楚了解,对施工组织和施工技术全面掌握。

(1)编写的原则

1)认真贯彻国家有关法规和方针政策,严格执行工程建设项目建设基本,遵循工程施工规律和技术标准,符合工程合同要求,坚持合理的施工工艺和施工顺序。

2）积极采用先进的施工管理办法，科学组织立体交叉和平行流水作业，保持施工的节奏性、均衡性和连续性。

3）积极采用国内外先进的施工工艺和施工技术，确立科学的施工方法，提高工程质量、确保安全施工、文明施工。

4）合理配置机具设备，提高作业机械化程度，扩大机械化施工范围，改善作业条件，提高劳动生产率。

5）精心规划施工、合理布置设施、注意环境保护。

6）结合工程特点，除常规做法外，应抓住工程中危险因素，做到方案内容具体，重点、难点突出，具有针对性、指导性和可操作性。

（2）专项施工方案的基本编制的框架

①工程概况；②施工部署；③施工方法；④监控及救援预案；⑤技术组织措施。

施工准备工作包括技术准备、现场准备、机械材料准备等。

第二节　建筑工程竣工验收备案管理知识

1. 建筑工程竣工验收备案管理规定有哪些？

答：《建筑工程质量管理条例》（国务院令第 279 号）规定：建设工程竣工验收应当由建设单位组织，勘察、设计、施工、监理单位共同参加，建筑工程质量监督站进行监督，建设行政主管部门备案。规定明确了建设、勘察、设计、施工、监理单位对建设工程应负的质量责任和义务，即建设、勘察、设计、施工、监理单位时建设工程质量的责任主体。

《建设工程施工质量验收统一标准》GB 50300 规定：单位工程质量验收合格后，建设单位应在规定的时间内将工程竣工验收报告和有关文件，报建设行政管理部门备案。

建设工程竣工验收备案制度是加强政府监督管理，防止不合格工程流向社会的一个重要举措。建设单位根据《建筑工程质量管理条例》有关规定和《房屋建筑和市政基础设施工程竣工验收备案管理办法》的规定，自工程竣工验收合格之日起 15 日内，向工程所在地的县级以上地方人民政府建设行政主管部门备案，否则，项目工程不允许投入使用。

2. 建筑工程竣工验收备案的范围包括哪些？

答：凡是在我国境内新建、扩建、改建各类房屋建筑工程及市政基础设施工程都实行竣工验收备案制度。

依据《房屋建筑和市政基础设施工程竣工验收备案管理办法》（住房城乡建设部令第 2 号）的规定，抢险救灾工程、临时性房屋建筑工程和农民自建低层住宅工程，不适应于建设本地号令的规定。军用房屋建筑工程竣工验收备案，按照中央军事委员会的有关规定执行。

3. 建筑工程竣工验收备案的文件包括哪些？

答：建设单位应当在单位工程竣工验收合格 15 日内将《建筑工程竣工验收报告》和有关文件，报建设工程备案机关办理竣工工程验收备案手续并提交表 3-12 中所列的文件。

工程竣工验收报告应当包括工程报建日期，施工许可证号，施工图设计文件审查意见，勘察、设计、施工、工程监理等单位分别签署的质量合格文件及验收人员签署的竣工验收原始文件。

建筑工程竣工验收备案提交资料 表 3-12

序号	材料名称	份数	材料形式	备注
1	建筑工程竣工验收备案表	4	原件	
2	建筑工程竣工验收报告	6	原件	
3	工程施工许可证	1	复印件（核对原件）	
4	工程施工质量验收申请表	1	原件	
5	单位（子工程）工程质量验收记录	1	原件	
6	工程质量评估报告	1	原件	

序号	材料名称	份数	材料形式	备注
7	设计文件质量检查报告	1	原件	
8	勘察文件质量报告	1	原件	
9	施工图设计文件审查报告	1	复印件（核对原件）	
10	建筑工程规划许可证及规划验收合格证	1	复印件（核对原件）	
11	建筑工程消防验收意见书	1	复印件（核对原件）	
12	建筑工程竣工验收档案认可书	1	复印件（核对原件）	
13	环境保护验收意见	1	复印件（核对原件）	
14	建筑工程质量验收进度意见书	1	原件	
15	燃气工程验收文件	1	复印件（核对原件）	有该项工程内容的，提供
16	电梯安装分部工程质量验收证书	1	原件	有该项工程内容的，提供
17	室内环境污染物检测报告	1	复印件（核对原件）	依照标准、规范需要实施该项工程内容的，提供
18	工程质量保修书	1	原件	
19	住宅质量保证书和住宅使用说明书	1	原件	属于商品住宅工程的，提供
20	单位工程施工安全评价书	1	复印件（核对原件）	
21	招标通知书（设计、监理、施工）	1	复印件（核对原件）	必须招标的工程，提供
22	建设施工合同	1	复印件（核对原件）	
23	工程款支付证明及发票复印件	1	复印件（核对原件）	
24	人防工程验收证明	1	复印件（核对原件）	依照标准、规范需要实施该项工程内容的，提供
25	工程质量安全监督报告	1	原件	监督站提供

4. 建筑工程竣工验收备案的程序包括哪些？

答：（1）建设工程竣工验收备案具备的条件

1）工程竣工验收已合格，并完成竣工验收报告；

2）工程质量监督机构已出具工程质量监督报告；

3）已办理工程监理合同登记核销及施工合同（总包、专业分包和劳务分包合同）备案核销手续；

4）各项专项资金等已经结算。

（2）建设单位向备案机关领取《房屋建设工程和市政基础设施工程竣工验收备案表》。

（3）建设单位持加盖单位公章和单位项目负责人签名的《房屋建设工程和市政基础设施工程竣工验收备案表》一式4份及规定的材料，向备案机关备案。

（4）备案机关在收齐、验证备案材料后15个工作日内在《房屋建设工程和市政基础设施工程竣工验收备案表》上签署备案意见（盖章），建设单位、施工单位、监理单位和备案机关各持一份。

5. 施工单位的备案的基础工作包括哪些？

答：（1）在自检的基础上组织好工程质量竣工验收工作，完善相关资料文件并向城市建设档案部门提交；

（2）核查和完善工程施工管理资料、工程监理资料；

（3）从建设单位征集工程前期规划、土地、工程建设手续，征集工程勘察、设计、招标手续和表3-12规定的相关文件；

（4）依据表3-12中所列的文件种类系统全面准备工程资料；

（5）编写工程竣工验收报告；

（6）会同建设单位向备案机关领取《房屋建设工程和市政基础设施工程竣工验收备案表》并按规定份数如实签写，加盖建设单位公章和项目负责人章；

（7）以建设单位名义向建设工程备案管理机关办理备案手续。

6. 施工单位的备案实施要点有哪些？

答：（1）按表 3-12 准备备案所需的工程建设资料；

（2）编写符合要求的竣工验收报告；

（3）完善各种手续、合同后期管理以及工程项目质保期所需的相关手续；

（4）会同建设单位实施工程建设竣工验收备案工作。

7. 工程质量监督设施的主体有哪些规定？建筑工程质量监督内容有哪些？

答：（1）工程质量进度的主体

国务院建设和住房建设主管部门负责全国房屋建筑和市政基础设施工程质量监督管理工作。县级以上地方人民政府建设主管部门负责本行政区域内工程质量监督工作。

工程质量监督管理的具体工作可以由县级以上地方人民政府建设主管部门委托所属的工程质量监督机构实施。

（2）工程质量监督的内容

1）执行工程建设法律法规和工程建设强制性标准的情况；

2）抽查涉及工程主体结构安全和主要使用功能的工程实体质量；

3）抽查工程质量责任主体和质量检测等单位的工程质量行为；

4）抽查主要建筑材料、建筑构配件的质量；

5）对工程竣工验收进行监督；

6）组织或参与工程质量事故的调查处理；

7）定期对本地区工程质量状况进行统计分析；

8）依法对违法违规行为实施处罚。

8. 工程项目竣工验收的范围、条件和依据各有哪些?

答:(1)验收的范围

根据国家建设法律、法规的规定,凡新建、扩建、改建的基本建设项目和技术改造项目,按批准的设计文件所规定的内容建成,符合验收标准,都应及时验收办理固定资产移交手续。项目工程验收的标准为:工业项目经投料试车(带负荷运转)合格,形成生产能力的,非工业项目符合设计要求,能够正常使用的。对于某些特殊情况,工程施工虽未全部按设计要求完成,也应进行验收,这些特殊情况是指以下几种。

1)因少数非主要设备或某些特殊材料短期内不能解决,虽然工程内容尚未全部完成,但已可以投产或使用的工程项目。

2)按规定的内容已建成,但因外部条件的制约。如流动资金不足,生产所需原材料不足等,而使已建工程不能投入使用的项目。

3)有些建设项目或单项工程,已形成生产能力或实际上生产单位已经使用,但近期内不能按原设计规模续建,应从实际情况出发经主管部门批准后,可缩小规模对已完成的工程和设备组织竣工验收,移交固定资产。

(2)竣工验收的条件

建设项目必须达到以下基本条件,才能组织竣工验收:

1)建设项目按照工程合同规定和设计图纸要求已全部施工完毕,达到国家规定的质量标准,能够满足生产和使用要求。

2)交工工程达到窗明地净,水通灯亮及供暖通风设备正常运转。

3)主要工艺设备已安装配套,经联动负荷试车合格,构成生产线,形成生产能力,能够生产出设计文件规定的产品。

4)职工公寓和其他必要的生活福利设施,能适应初期的需要。

5)生产准备工作能适应投产初期的需要。

6）建筑物周围 2m 以内场地清理完毕。

7）竣工结算已完成。

8）技术档案资料齐全，符合交工要求。

（3）竣工验收的依据

1）上级主管部门对该项目批准的文件。包括可行性研究报告、初步设计以及与项目建设有关的各种文件。

2）工程设计文件。包括图纸设计及说明、设备技术说明书等。

3）国家颁布的各种标准和规范。

4）合同文件。包括施工承包的工作内容和应达到的标准，以及施工过程中的设计修改变更通知书等。

9. 竣工验收的标准有哪些？

答：土建工程、安装工程、人防工程、管道工程等的验收各自的标准不尽相同，它们分别是：

（1）土建工程的验收标准。凡生产性工程、辅助公用设施及生活设施按照设计图纸、技术说明书、验收规范验收。同时，工程质量还应符合施工承包合同条款规定的要求。

（2）安装工程的验收标准。按照设计要求的施工项目内容、技术质量要求及验收规范的规定进行验收。

（3）人防工程的验收标准。凡有人防工程或结合建设的人防工程的验收必须符合人防工程的有关规定，并要求按安装工程等级安装好防护密闭门；室外通道在人防密闭门外的部位增设防护洞，排风洞等设备安装完毕。还没有安装的设备的，要做好设备基础预埋件等有了设备以后即能达到安装的条件；应做到内部粉刷完工；内部照明设备安装完毕，并可通电；工程无漏水，回填土结束；通道畅通等。

（4）大型管道工程的验收标准。按设计内容、设计要求、施工规格、验收规范（或分段）按质量标准铺设完毕和竣工，泵验必须符合规定要求，管道内部垃圾要清除干净，输油管道、自来水管道还要经过清洗和消毒，输气管道还要经过输气换气实验。在实验前对管道材质及防腐层（内壁及外壁）要根据规定标准验收，钢材要注意焊接质量并加以评定和验收。

10. 施工单位在什么条件下怎样提出申请交工验收？

答：整个建设项目如果分成若干个合同交予不同的施工单位，施工方已完成了合同工程或按合同约定可分步移交工程的，均可申请交工验收。竣工验收一般是单位工程，但在某些特殊情况下也可是单项工程的施工内容，如特殊基础处理工程、电站单台机组完成后的移交等。施工单位的施工达到竣工条件后，自己应首先进行预验，修补有缺陷的工程部位。设备安装工程还应与甲方和监理工程师共同进行无负荷的单机和联动试车。施工单位在完成了上述工作和准备好竣工资料后，即可向甲方提交竣工验收报告。

11. 单项工程竣工验收的程序包括哪些内容？

答：单项工程验收对大型工程项目的建设有重要意义，特别是某些能独立发挥作用、产生效益的单项工程，更应该是竣工一项验收一项，这样可以使工程项目及早地发挥效益。单项工程验收又称为交工验收，即验收合格后建设方即可投入使用。初步验收是指国家有关部门还未进行最终验收认可，只是施工涉及的有关各方进行的验收。

由建设方组织的交工验收，主要是依据国家颁布的有关技术规范和施工承包合同，对以下几个方面进行检查和检验。

（1）检查核实竣工项目准备移交建设方的所有技术资料的完整性、准确性。

（2）按设计文件和合同检查已完建工程是否有漏洞。

（3）检查工程质量、隐蔽工程资料，关键部位的施工记录等，考察施工质量是否达到合同要求。

（4）检查试车记录及试车中所发现的问题是否得到改正。

（5）在交工验收中发现需要返工、修补的工程，明确规定完成的期限。

（6）其他涉及的有关问题。

验收合格后，建设方和施工单位共同签署《交工验收证书》。然后由施工单位将有关技术资料、连同试车记录、试车报告和交工验收证书一并上报主管部门，经批准后该工程即可投入使用。

验收合格的单项工程，在全部工程验收时，不再办理验收手续。

12. 全部工程竣工验收的程序有哪些？

答：全部工程施工完成后，由国家有关部门组织的验收称为竣工验收，有时也称为动用验收。它分为以下三个阶段：

（1）验收准备阶段

竣工验收准备阶段的工作应由甲方组织施工、监理、设计等单位共同进行，主要包括以下内容。

1）核实建筑安装工程的完成情况，列出已交工工程和未完工工程一览表（包括工程量、预算价值、完工日期等）。

2）提出财务决算分析。

3）检查工程质量，查明须返工或补修工程，提出具体修竣时间。

4）整理汇总项目档案资料，将所有档案资料整理装订成册，分类编目，编制好工程竣工图。

5）登载固定资产，编制固定资产构成分析表。

6）落实生产准备工作，提出试车检查的情况报告。

7）编写竣工验收报告。

（2）预验收阶段

一般由上级主管部门或建设方代表会同设计、施工、监理和使用单位及有关部门组成预验收组，主要包括以下内容。

1）检查、核实竣工项目所有档案资料的完整性、准确性是否符合归档要求。

2）检查项目建设标准，评定质量，对隐患和遗留问题提出处理意见。

3）检查财务账表是否齐全，数据是否真实，开资是否合理。

4）检查试车情况和生产准备情况。

5）排除验收中有争议的问题，协调项目与有关方面、部门的关系。

6）督促返工、补做工程的修竣及收尾工程的完工。

7）编写竣工验收报告和移交试生产准备情况报告。

8）预验收合格后，甲方向有关部门提出正式验收报告。

（3）正式验收

工程竣工的正式验收由国家有关部门组成的验收委员会主持，建设单位及有关部门参加，包括如下主要内容。

1）听取建设单位对项目建设的工作报告。

2）审查竣工项目移交生产使用的各种档案资料。

3）评审项目质量。对主要工程部位的施工质量进行复验、鉴定，对工程设计的先进性、合理性、经济性进行鉴定和评审。

4）审查试车规程，检查投产生产情况。

5）核定尾工项目，对遗留问题提出处理意见。

6）审查竣工预验收报告，签署《国家验收鉴定书》，对整个项目做出总的验收鉴定，对项目启用的可靠性作出结论。

第三节　城建档案管理、施工资料管理及建筑业统计

1. 建筑工程文件归档整理规范的基本规定有哪些？

答：中华人民共和国国家标准《建设工程文件归档整理规范》GB/T 50328 的基本规定如下：

（1）基本规定

1）建设、勘察、设计、施工、监理等单位应将工程文件的形成和积累纳入工程建设管理的各个环节和有关人员的职责范围。

2）在工程文件与档案的整理立卷、验收移交工作中，建设单位应履行下列职责：

① 在工程招标及勘察、设计、施工、监理等单位签订协议、合同时，应对工程文件的套数、费用、质量、移交时间等提出明确要求；

② 收集和整理工程准备阶段、竣工验收阶段形成的文件，并应进行立卷归档；

③ 负责组织、监督和检查勘察、设计、施工、监理等单位的工程文件的形成、积累和立卷归档工作；也可委托监理单位监督、检查工程文件的形成、积累和立卷归档工作；

④ 收集和汇总勘察、设计、施工、监理等单位立卷归档的工程档案；

⑤ 在组织工程竣工验收前，应提请当地的城建档案管理机构对工程档案进行预验收；未取得工程档案验收认可文件，不得组织工程竣工验收；

⑥ 对列入城建档案馆（室）接收范围的工程，工程竣工验收后3个月内，向当地城建档案馆（室）移交一套符合规定的工程移交。

3）勘察、设计、施工、监理等单位应将本单位形成的工程文件立卷后向建设单位移交。

4）建设工程项目实行总承包的，总包单位负责收集、汇总各分包单位形成的工程档案，并应及时向建设单位移交；各分包单位应将本单位形成的工程文件整理、立卷后及时移交总包单位。建设工程项目由几个单位承包的，各承包单位负责收集、整理立卷其承包项目的工程文件，并应及时向建设单位移交。

5）城建档案管理机构应对工程文件的立卷归档工作进行监督、检查、指导。在工程竣工验收前，应对工程档案进行预验收，验收合格后，须出具工程档案认可文件。

（2）建设工程归档

建设工程归档是指在工程建设过程中形成的各种形式的信息

记录，包括工程准备阶段文件、监理文件、施工文件、竣工图和竣工验收文件。

1）工程准备阶段文件是建设单位在工程开工以前，在立项、审批、征地、勘察、设计、招投标等工程准备阶段形成的文件。

2）监理文件是监理单位在工程设计、施工等监理过程中形成的文件。

3）施工文件是施工单位在工程施工过程中形成的文件。

4）竣工图是施工单位在工程竣工验收后，真实反映工程建设项目施工结果绘制的图样。

5）竣工验收文件是建设单位在建设工程项目竣工验收活动中形成的文件。

2. 施工资料怎样分类？

答：施工资料有如下几种分类方法：

（1）按《建设工程文件归档整理规范》GB/T 50328 分类

建设工程资料按照收集和整理单位不同分为建设单位的工程准备阶段文件、监理单位文件、施工单位文件、竣工图和工程竣工文件五大类。建设单位整理的工程文件一般称为 A 类，监理单位的整理的工程文件为 B 类，施工单位整理的施工文件为 C 类，竣工图和工程竣工文件分别为 D 类和 E 类。在某一大类中，又依据资料的属性和特点，将其划分为若干个小类。在每一小类中再将资料细分为若干种文件、资料或表格。

建筑工程施工资料分为土建工程（建筑结构）工程；电气、给水排水、消防、供暖、通风、空调、燃气、建筑智能化、电梯工程、建筑节能、室外工程文件。

（2）按《建筑工程资料管理规程》JGJ/T 185 分类

施工资料可分为管理资料、施工技术资料、施工进度及造价资料、施工物资资料、施工记录、施工试验记录及检测报告、施工质量验收记录、竣工验收资料八类。

（3）按《建筑工程施工质量验收统一标准》GB 50300 分类

施工资料可分为建筑工程施工管理资料、建筑工程质量控制资料、单位（子单位）工程安全和功能检验资料核查及主要功能抽查记录、观感质量验收资料。

1）建筑工程管理资料包括工程概况、开工报告、施工现场管理检查记录、建筑工程质量事故报告、施工组织设计、技术交底、事故日志、工程竣工文件。

2）建筑工程质量控制资料。

3）单位（子单位）工程安全和功能检验资料核查及主要功能抽查记录。

4）观感质量验收资料。

5）建筑工程施工质量验收资料包括：检验批质量验收记录表，分项工程质量验收记录表，分部工程质量验收记录表，单位（子单位）工程质量竣工验收记录。

3. 建筑工程文件归档整理规范的基本规定有哪些？

答：建设工程文档是指在工程建设过程中形成的各种形式的信息记录，包括工程准备阶段文件、监理单位文件、施工单位文件、竣工图和工程竣工验收文件。

（1）工程准备阶段文件是建设单位在工程开工以前，在立项、审批、征地、勘察、设计、招标投标等工程准备阶段形成的文件。

（2）监理文件是监理单位在工程设计、施工等监理过程中形成的文件。

（3）施工文件是施工单位在工程施工过程中形成的文件。

（4）施工图是施工单位在工程竣工验收后，真实反映建设工程项目施工结果绘制的图样。

（5）竣工验收文件是建设单位在建设工程项目竣工验收活动中形成的文件。

4. 建设工程资料管理的职责有哪些?

答:《建设工程文件归档整理规范》GB/T 50328 中明确规定:建设工程技术资料管理职责包括建设单位、监理单位、施工单位、城建档案馆在内的全部工程资料的编制和管理。工程资料不仅由施工单位提供,而且参与工程建设的建设单位、承担监理任务的监理或咨询单位,都负有收集、整理、签署、核查工程资料的责任。工程各参与单位应将工程文件的形成和积累纳入工程建设管理的各个环节和有关人员的职责范围。

(1) 在工程文件与档案的整理立卷、验收移交工作中,建设单位的职责范围。

1) 在工程招标及与勘察、设计、施工、监理等单位签订协议、合同时,应对工程文件的套数、费用、质量、移交时间等提出明确的要求。

2) 收集和整理工程准备阶段、竣工验收阶段形成的文件,并应进行立卷归档。

3) 负责组织、监督和检查勘察、设计、施工、监理等单位工程文件的形成、积累和立卷归档工作;也可委托监理单位监督、检查工程文件的形成、积累和立卷归档工作。

4) 收集和汇总勘察、设计、施工、监理等单位立卷归档的工程档案。

5) 在组织工程竣工验收前,应提请当地的城建档案馆进行验收,未取得工程档案验收认可文件,不得组织工程竣工验收。

6) 对列入城建档案馆(室)接受范围的工程,工程竣工验收后 3 个月内,向当地城建档案馆(室)移交一套符合规定的工程档案。

(2) 勘察、设计、施工、监理等单位应将本单位形成的工程文件立卷后向建设单位移交。

(3) 建设工程项目实施总承包的,总承包单位负责收集、汇总各分包单位形成的工程档案,并应及时向建设单位移交;各分包单位应将本单位形成的工程文件整理、立卷后移交总包单位。建设工程项目由几个单位承包的，各承包单位负责收集、整理立卷其承包项目的工程文件，并应及时向建设单位移交。

（4）城建档案管理机构应对工程文件的立卷归档工作进行监督、检查、指导。在工程竣工验收前，应对工程档案预验收，验收合格后，须出具工程档案认可文件。

5. 工程准备阶段文件归档范围和资料类别有哪些？

答：工程准备阶段文件归档范围和资料类别如表 3-13 所示。

工程准备阶段文件归档范围和资料类别　　　　表 3-13

工程资料类别	工程资料名称		工程资料来源	工程资料保存			
				施工单位	监理单位	建设单位	城建档案馆
A 类	工程准备阶段文件						
A1 类	决策立项文件	项目建议书	建设单位			●	●
		项目建议书的批复文件	建设行政管理部门			●	●
		可行性研究报告及附件	建设单位			●	●
		可行性研究报告的批复文件	建设行政管理部门			●	●
		关于立项的会议纪要、领导批示	建设单位			●	●
		工程立项的专家建议资料	建设单位			●	●
		项目评估研究资料	建设单位			●	●
A2 类	建设用地文件	选址申请及选址规划意见通知书	建设单位规划部门			●	●
		建设用地批准文件	土地行政管理部门			●	●
		拆迁安置意见、协议、方案	建设单位			●	●
		建设用地规划许可证及其附件	规划行政管理部门		●	●	●

工程资料类别	工程资料名称		工程资料来源	工程资料保存			
				施工单位	监理单位	建设单位	城建档案馆
A2 类	建设用地文件	国有土地使用证	土地行政管理部门			●	●
		划拨建设用地文件	土地行政管理部门			●	●
A3 类	勘察设计文件	岩土工程勘察报告	勘察单位	●	●	●	●
		建设用地钉桩通知单（书）	规划行政管理部门	●	●	●	●
		地形测量和拨地测量成果报告	测绘单位			●	●
		审定设计方案通知书及审查意见	规划行政管理部门			●	●
		审定设计方案通知书要求征求有关部门的审查意见和要求取得的有关协议	有关部门			●	●
		初步设计图及设计说明	设计单位			●	
		消防设计审核意见	公安机关消防机构	○	○	●	●
		施工图设计文件审查通知书及审查报告	施工图审查机构	○	○	●	●
		施工图及设计说明	设计单位	○	○	●	
A4 类	招标投标及合同文件	勘察招标投标文件	建设单位、勘察单位			●	
		勘察合同	建设单位、勘察单位			●	●
		设计招标投标文件	建设单位、设计单位			●	

122

工程资料类别	工程资料名称		工程资料来源	工程资料保存			
				施工单位	监理单位	建设单位	城建档案馆
A4 类	招标投标及合同文件	设计合同	建设单位、设计单位			●	●
		监理招标投标文件	建设单位、监理单位		●	●	
		委托监理合同	建设单位、监理单位		●	●	●
		施工招投标文件	建设单位、施工单位	●	○	●	
		施工合同	建设单位、施工单位	●	○	●	●
A5 类	开工文件	建设项目列入年度计划的申报文件	建设单位			●	●
		建设项目列入年度计划的批复文件或年度计划项目表	建设行政管理部门			●	●
		规划审批申报表及报送的文件和图纸	建设单位、设计单位			●	
		建设工程规划许可证及其附件	规划部门			●	●
		建设工程施工许可证及其附件	建设行政管理部门	●	●	●	
		工程质量安全监督注册登记	质量监督机构	○	○	●	●
		工程开工前的原貌影像资料	建设单位	●	●	●	
		施工现场移交单	建设单位	○	○	○	
A6 类	商务文件	工程投资估算资料	建设单位			●	
		工程设计概算资料	建设单位			●	
		工程施工图预算资料	建设单位			●	

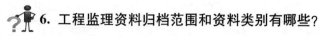 **6. 工程监理资料归档范围和资料类别有哪些?**

答:工程监理文件归档范围和资料类别如表 3-14 所示。

工程监理文件归档范围和资料类别　　　　表 3-14

工程资料类别	工程资料名称		工程资料来源	工程资料保存			
				施工单位	监理单位	建设单位	城建档案馆
B 类	监理资料						
B1 类	监理管理资料	监理规划	监理单位		●	●	●
		监理实施细则	监理单位	○	●	●	●
		监理月报	监理单位		●	●	
		监理会议纪要	监理单位	○	●	●	
		监理工作日志	监理单位		●		
		监理工作总结	监理单位		●	●	●
		工作联系单	监理单位、施工单位	○	○		
		监理工程师通知	监理单位	○	○		
		监理工程师通知回复单	施工单位	○	○		
		工程暂停令	监理单位	○	○	○	●
		工程复工报审表	施工单位	●	●	●	
B2 类	进度控制资料	工程开工报审表	施工单位	●	●	●	
		施工进度计划报审表	施工单位	○	○		
B3 类	质量控制资料	质量事故报告及处理资料	施工单位	●	●	●	
		旁站监理记录	监理单位	○	●	●	
		见证取样和送检见证人员备案表	监理单位或建设单位	●	●	●	
		见证记录	监理单位	●	●	●	
		工程技术文件报审表	施工单位	○	○		

工程资料类别	工程资料名称		工程资料来源	工程资料保存			
				施工单位	监理单位	建设单位	城建档案馆
B4 类	造价控制资料	工程款支付申请表	施工单位	○	○	●	
		工程款支付证书	施工单位	○	○	●	
		工程变更费用报审表	监理单位	○	○	●	
		费用索赔申请表	监理单位	○	○	●	
		费用索赔审批表	施工单位	○	○	●	
B5 类	合同管理资料	委托监理合同	监理单位		●	●	●
		工程延期申请表	施工单位	●	●	●	●
		工程延期审批表	监理单位	●	●	●	●
		分包单位资质报审表	施工单位	●	●	●	
B6 类	竣工验收资料	单位（子单位）工程竣工预验收报验表	施工单位	●	●	●	
		单位（子单位）工程质量竣工验收记录	施工单位	●	●	●	●
		单位（子单位）工程质量控制资料核查记录	施工单位	●	●	●	●
		单位（子单位）工程安全和功能检验资料核查及主要功能抽查记录	施工单位	●	●	●	●
		单位（子单位）工程观感质量检查记录	施工单位	●	●	●	●
		工程质量评估报告	监理单位	●	●	●	●
		监理费用决算资料	监理单位		○	●	
		监理资料移交书	监理单位		●	●	

7. 施工管理、施工技术、施工进度与造价资料归档范围和资料类别有哪些？

答：施工管理、施工技术、施工进度与造价资料归档范围和资料类别如表 3-15 所示。

施工管理、施工技术、施工进度与造价资料归档范围和资料类别

表 3-15

工程资料类别	工程资料名称		工程资料来源	工程资料保存			
				施工单位	监理单位	建设单位	城建档案馆
C 类	施工资料						
C1 类	施工管理资料	工程概况表	施工单位	●	●	●	●
		施工现场质量管理检查记录	施工单位	○	○		
		企业资质证书及相关专业人员岗位证书	施工单位	○	○		
		分包单位资质报审表	施工单位	●	●	●	
		建设工程质量事故调查、勘查记录	调查单位	●	●	●	●
		建设工程质量事故报告书	调查单位	●	●	●	●
		施工检测计划	施工单位	○	○		
		见证记录	监理单位	●	●	●	
		见证试验检测汇总表	施工单位	●	●		
		施工日志	施工单位	●			
		监理工程师通知回复单	施工单位	○	○		

工程资料类别	工程资料名称		工程资料来源	工程资料保存			
				施工单位	监理单位	建设单位	城建档案馆
C2 类	施工技术资料	工程技术文件报审表	施工单位	○	○		
		施工组织设计及施工方案	施工单位	○	○		
		危险性较大分部分项工程施工方案专家论证表	施工单位	○	○		
		技术交底记录	施工单位	●			
		图纸会审记录	施工单位	●	●	●	●
		设计变更通知单	设计单位	●	●	●	●
		工程洽商记录（技术核定单）	施工单位	●	●	●	●
C3 类	进度造价资料	工程开工报审表	施工单位	●	●	●	●
		工程复工报审表	施工单位	●	●	●	●
		施工进度计划报审表	施工单位	○	○		
		施工进度计划	施工单位	○	○		
		人、机、料动态表	施工单位	○	○		
		工程延期申请表	施工单位	●	●	●	●
		工程款支付申请表	施工单位			○	
		工程变更费用报审表	施工单位	○	○	●	
		费用索赔申请表	施工单位	○	○	●	

8. 施工物资资料归档范围和资料类别有哪些?

答：施工物资资料归档范围和资料类别如表 3-16 所示。

127

			出厂质量证明文件及检测报告				
C4 类	施工物质资料	砂、石、砖、水泥、钢筋、隔热保温材料、防腐材料、轻集料出厂质量证明文件	施工单位	●	●	●	●
		其他物资出厂合格证、质量保证书、检测报告和报关单或商检证等	施工单位	●	●	○	
		材料、设备的相关检验报告、型式检测报告、3C 强制认证合格证书或 3C 标志	检测单位	●	○	○	
		主要设备、器具的安装使用说明书	检测单位	●	○	○	
		进口的主要材料设备的商检证明文件	检测单位	●	○		●
		涉及消防、安全、卫生、环保、节能的材料、设备的检测报告或法定机构出具的有效证明文件	检测单位	●	●	●	
		进场检验通用表格					
		材料、构配件进场检验记录		○	○		
		设备开箱检验记录		○	○		
		设备及管道附件试验记录		●	○	●	
		进场复试报告					
		钢材试验报告	检测单位	●	●	●	●
		水泥试验报告	检测单位	●	●	●	●
		砂试验报告	检测单位	●	●	●	●

128

C4 类	施工物质资料	碎（卵）石试验报告	检测单位	●	●	●	●
		外加剂试验报告	检测单位	●	●	○	●
		防水涂料试验报告	检测单位	●	○	●	
		防水卷材试验报告	检测单位	●	○	●	
		砖（砌块）试验报告	检测单位	●	●	●	●
		预应力筋复试报告	检测单位	●	●	●	●
		预应力锚具、夹具和连接器复试报告	检测单位	●	●	●	●
		装饰装修用门窗复试报告	检测单位	●	○	●	
		装饰装修用人造木板复试报告	检测单位	●	○	●	
		装饰装修用花岗石复试报告	检测单位	●	○	●	
		装饰装修用安全玻璃复试报告	检测单位	●	○	●	
		装饰装修用外墙面砖复试报告	检测单位	●	○	●	
		钢结构用钢材复试报告	检测单位	●	●	●	●
		钢结构用防火涂料复试报告	检测单位	●	●	●	●
		钢结构用焊接材料复试报告	检测单位	●	●	●	●
		钢结构用高强度大六角头螺栓连接副复试报告	检测单位	●	●	●	●
		钢结构用扭剪型高强度螺栓连接副复试报告	检测单位	●	●	●	●

		幕墙用铝塑板、石材、玻璃、结构胶复试报告	检测单位	●	●	●	●
C4类	施工物质资料	散热器、采暖系统保温材料、通风与空调工程绝热材料、风机盘管机组、低压配电系统电缆的见证取样复试报告	检测单位	●	○	●	
		节能工程材料复试报告	检测单位	●	●	●	

9. 施工记录资料归档范围和资料类别有哪些?

答：施工记录资料归档范围和资料类别如表 3-17 所示。

施工记录资料资料归档范围和资料类别 　　　　表 3-17

工程资料类别		工程资料名称	工程资料来源	工程资料保存			
				施工单位	监理单位	建设单位	城建档案馆
C5类	施工记录	通用表格					
		隐蔽工程验收记录	施工单位	●	●	●	●
		施工检查记录	施工单位	○			
		交接检查记录	施工单位	○			
		专用表格					
		工程定位测量记录	施工单位	●	●	●	●
		基槽验线记录	施工单位	●	●	●	●
		楼层平面放线记录	施工单位	○	○		
		楼层标高抄测记录	施工单位	○	○		
		建筑物垂直度、标高观测记录	施工单位	●		●	
		沉降观测记录	建设单位委托测量单位提供	●	○	●	●

工程资料类别		工程资料名称	工程资料来源	工程资料保存			
				施工单位	监理单位	建设单位	城建档案馆
C5类	施工记录	基坑支护水平位移监测记录	施工单位	○	○		
		桩基、支护测量放线记录	施工单位	○	○		
		地基验槽记录	施工单位	●	●	●	●
		地基钎探记录	施工单位	●	●	●	●
		混凝土浇灌申请书	施工单位	○	○		
		预拌混凝土运输单	施工单位	○			
		混凝土开盘鉴定	施工单位	○	○		
		混凝土拆模申请单	施工单位	○	○		
		混凝土预拌测温记录	施工单位	○			
		混凝土养护测温记录	施工单位	○			
		大体积混凝土养护测温记录	施工单位	○			
		大型构件吊装记录	施工单位	○	○	●	●
		焊接材料烘焙记录	施工单位	○			
		地下工程防水效果检查记录	施工单位	○	○	●	
		防水工程试水检查记录	施工单位	○	○	●	
		通风（烟）道、垃圾道检查记录	施工单位	○	○	●	
		预应力筋张拉记录	施工单位	●	○	●	●
		有粘结预应力结构灌浆记录	施工单位	●	○	●	●
		钢结构施工记录	施工单位	●	○	●	
		网架（索膜）施工记录	施工单位	●	○	●	●

工程资料类别		工程资料名称	工程资料来源	工程资料保存			
				施工单位	监理单位	建设单位	城建档案馆
C5 类	施工记录	木结构施工记录	施工单位	●	○	●	
		幕墙注胶检查记录	施工单位	●	○	●	
		自动扶梯、自动人行道的相邻区域检查记录	施工单位	●	○	●	
		电梯电气装置安装检查记录	施工单位	●	○	●	
		自动扶梯、自动人行道电气装置检查记录	施工单位	●	○	●	
		自动扶梯、自动人行道整机安装质量检查记录	施工单位	●	○	●	

10. 施工试验记录及检测报告资料归档范围和资料类别有哪些？

答：施工试验记录及测试报告资料归档范围和资料类别如表 3-18 所示。

施工试验记录及测试报告资料资料归档范围和资料类别

表 3-18

工程资料类别		工程资料名称	工程资料来源	工程资料保存			
				施工单位	监理单位	建设单位	城建档案馆
C6 类	施工试验记录及检测报告	通用表格					
		设备单机试运转记录	施工单位	●	○	●	●
		系统试运转调试记录	施工单位	●	○	●	●
		接地电阻测试记录	施工单位	●	○	●	●
		绝缘电阻测试记录	施工单位	●	○	●	

工程资料类别		工程资料名称	工程资料来源	工程资料保存			
				施工单位	监理单位	建设单位	城建档案馆
C6类	施工试验记录及检测报告	专用表格					
		建筑与结构工程					
		锚杆试验报告	检测单位	●	○	●	●
		地基承载力检验报告	检测单位	●	○	●	●
		桩基检测报告	检测单位	●	○	●	●
		土工击实试验报告	检测单位	●	○	●	●
		回填土试验报告（应附图）	检测单位	●	○	●	●
		钢筋机械连接试验报告	检测单位	●	○	●	●
		钢筋焊接连接试验报告	检测单位	●	○	●	●
		砂浆配合比申请单、通知单	施工单位	○	○		
		砂浆抗压强度试验报告	检测单位	●	○	●	●
		砌筑砂浆试块强度统计、评定记录	施工单位	●		●	●
		混凝土配合比申请单、通知单	施工单位	○	○		
		混凝土抗压强度试验报告	检测单位	●	○	●	●
		混凝土试块强度统计、评定记录	施工单位	●		●	●
		混凝土抗渗试验报告	检测单位	●	○		●
		砂、石、水泥放射性指标报告	施工单位	●	○	●	●

133

工程资料类别	工程资料名称		工程资料来源	工程资料保存			
				施工单位	监理单位	建设单位	城建档案馆
C6 类	施工试验记录及检测报告	混凝土碱总量计算书	施工单位	●	○	●	●
		外墙饰面砖样板粘结强度试验报告	检测单位	●	○	●	●
		后置埋件抗拔试验报告	检测单位	●	○	●	●
		超声波探伤报告、探伤记录	检测单位	●	○	●	●
		钢构件射线探伤报告	检测单位	●	○	●	●
		磁粉探伤报告	检测单位	●	○	●	●
		高强度螺栓抗滑移系数检测报告	检测单位	●	○	●	●
		钢结构焊接工艺评定	检测单位	○	○		
		网架节点承载力试验报告	检测单位	●	○	●	●
		钢结构防腐、防火涂料厚度检测报告	检测单位	●	○	●	●
		木结构胶缝试验报告	检测单位	●	○	●	
		木结构构件力学性能试验报告	检测单位	●	○	●	●
		木结构防腐剂试验报告	检测单位	●	○	●	●
		幕墙双组分硅酮结构密封胶	检测单位	●	○	●	●
		混匀性及拉断试验报告	检测单位	●	○	●	●

工程资料类别	工程资料名称		工程资料来源	工程资料保存			
				施工单位	监理单位	建设单位	城建档案馆
C6 类	施工试验记录及检测报告	幕墙的抗风压性能、空气渗透性能、雨水渗透性能及平面内变形性能检测报告	检测单位	●	○	●	●
		外门窗的抗风压性能、空气渗透性能和雨水渗透性能检测报告	检测单位	●	○	●	●
		墙体节能工程保温板材与基层粘结强度现场拉拔试验	检测单位	●	○	●	●
		外墙保温浆料同条件养护试件试验报告	检测单位	●	○	●	●
		结构实体混凝土强度检验记录	施工单位	●	○	●	●
		结构实体钢筋保护层厚度检验记录	施工单位	●	○	●	●
		围护结构现场实体检验	检测单位	●	○	●	
		室内环境检测报告	检测单位	●	○	●	
		节能性能检测报告	检测单位	●	○	●	●
		给水排水及供暖工程					
		灌（满）水试验记录	施工单位	○	○	●	
		强度严密性试验记录	施工单位	●	○	●	
		通水试验记录	施工单位	○	○	●	
		冲（吹）洗试验记录	施工单位	●	○	●	
		通球试验记录	施工单位	○	○	●	

工程资料类别		工程资料名称	工程资料来源	工程资料保存			
				施工单位	监理单位	建设单位	城建档案馆
C6类	施工试验记录及检测报告	补偿器安装记录	施工单位	○	○		
		消火栓试射记录	施工单位	●	○	●	●
		安全附件安装检查记录	施工单位	●	○		
		锅炉烘炉试验记录	施工单位	●	○		
		锅炉煮炉试验记录	施工单位	●	○		
		锅炉试运行记录	施工单位	●	○	●	
		安全阀定压合格证书	检测单位	●	●	●	
		自动喷水灭火系统联动试验记录	施工单位	●	○	●	●
		建筑电气工程					
		灌（满）水试验记录	施工单位	○	○	●	
		强度严密性试验记录	施工单位	●	○	●	●
		通水试验记录	施工单位	○	○	●	
		冲（吹）洗试验记录	施工单位	●	○	●	

11. 施工质量验收记录资料归档范围和资料类别有哪些?

答：施工质量验收记录资料归档范围和资料类别如表3-19所示。

施工质量验收资料资料归档范围和资料类别　　表 3-19

工程资料类别	工程资料名称	工程资料来源	工程资料保存			
			施工单位	监理单位	建设单位	城建档案馆
C6 类	施工试验记录及检测报告	通球试验记录	施工单位	○	○	●	
		补偿器安装记录	施工单位	○	○		
		消火栓试射记录	施工单位	●		●	
		安全附件安装检查记录	施工单位	●	○		
		锅炉烘炉试验记录	施工单位	●	○		
		锅炉煮炉试验记录	施工单位	●	○		
		锅炉试运行记录	施工单位	●	○	●	
		安全阀定压合格证书	施工单位	●	○	●	
		自动喷水灭火系统联动试验记录	施工单位	●	○	●	●
		电气接地装置平面示意图表	施工单位	●	○	●	●
		电气器具通电安全检查记录	施工单位	○	○	●	
		电气设备空载试运行记录	施工单位	●	○	●	
		建筑物照明通电试运行记录	施工单位	●	○	●	●
		大型照明灯具承载试验记录	施工单位	●	○	●	
		漏电开关模拟试验记录	施工单位	●	○	●	
		大容量电气线路结点测温记录	施工单位	●	○	●	
		低压配电电源质量测试记录	施工单位	●	○	●	
		建筑物照明系统照度测试记录	施工单位	○	○	●	

工程资料类别		工程资料名称	工程资料来源	工程资料保存			
				施工单位	监理单位	建设单位	城建档案馆
C6类	施工试验记录及检测报告	智能建筑工程					
		综合布线测试记录	施工单位	●	○	●	●
		光纤损耗测试记录	施工单位	●	○	●	●
		视频系统末端测试记录	施工单位	●	○	●	●
		子系统检测记录	施工单位	●	○	●	●
		系统试运行记录	施工单位	●	○	●	●
		通风与空调工程					
		风管漏光检测记录	施工单位	○	○	●	
		风管漏风检测记录	施工单位	●	○	●	
		现场组装除尘器、空调机漏风检测记录	施工单位	○	○		
		各房间室内风量测量记录	施工单位	●	○	●	
		管网风量平衡记录	施工单位	●	○	●	
		空调系统试运转调试记录	施工单位	●	○	●	●
		空调水系统试运转调试记录	施工单位	●	○	●	●
		制冷系统气密性试验记录	施工单位	●	○	●	●
		净化空调系统检测记录	施工单位	●	○	●	●
		防排烟系统联合试运行记录	施工单位	●	○	●	●
		电梯工程					
		轿厢平层准确度测量记录	施工单位	○	○	●	

工程资料类别		工程资料名称	工程资料来源	工程资料保存			
				施工单位	监理单位	建设单位	城建档案馆
C6类	施工试验记录及检测报告	电梯层门安全装置检测记录	施工单位	●	○	●	
		电梯电气安全装置检测记录	施工单位	●	○	●	
		电梯整机功能检测记录	施工单位	●	○	●	
		电梯主要功能检测记录	施工单位	●	○	●	
		电梯负荷运行试验记录	施工单位	●	○	●	●
		电梯负荷运行试验曲线图表	施工单位	●	○	●	
		电梯噪声测试记录	施工单位	○	○	○	
		自动扶梯、自动人行道安全装置检测记录	施工单位	●	○	●	
		自动扶梯、自动人行道整机性能、运行试验记录	施工单位	●	○	●	●
C7类	施工质量验收记录	检验批质量验收记录	施工单位	○	○	●	
		分项工程质量验收记录	施工单位	●	●	●	
		分部（子分部）工程质量验收记录	施工单位	●	●	●	●
		建筑节能分部工程质量验收记录	施工单位	●	●	●	●
		自动喷水系统验收缺陷项目划分记录	施工单位	●	○	○	

工程资料类别		工程资料名称	工程资料来源	工程资料保存			
				施工单位	监理单位	建设单位	城建档案馆
C7类	施工质量验收记录	程控电话交换系统分项工程质量验收记录	施工单位	●	○	●	
		会议电视系统分项工程质量验收记录	施工单位	●	○	●	
		卫星数字电视系统分项工程质量验收记录	施工单位	●	○	●	
		有线电视系统分项工程质量验收记录	施工单位	●	○	●	
		公共广播与紧急广播系统分项工程质量验收记录	施工单位	●	○	●	
		计算机网络系统分项工程质量验收记录	施工单位	●	○	●	
		应用软件系统分项工程质量验收记录	施工单位	●	○	●	
		网络安全系统分项工程质量验收记录	施工单位	●	○	●	
		空调与通风系统分项工程质量验收记录	施工单位	●	○	●	
		变配电系统分项工程质量验收记录	施工单位	●	○	●	
		公共照明系统分项工程质量验收记录	施工单位	●	○	●	
		给水排水系统分项工程质量验收记录	施工单位	●	○	●	
		热源和热交换系统分项工程质量验收记录	施工单位	●	○	●	

工程资料类别		工程资料名称	工程资料来源	工程资料保存			
				施工单位	监理单位	建设单位	城建档案馆
C7类	施工质量验收记录	冷冻和冷却水系统分项工程质量验收记录	施工单位	●	○	●	
		电梯和自动扶梯系统分项工程质量验收记录	施工单位	●	○	●	
		数据通信接口分项工程质量验收记录	施工单位	●	○	●	
		中央管理工作站及操作分站分项工程质量验收记录	施工单位	●	○	●	
		系统实时性、可维护性、可靠性分项工程质量验收记录	施工单位	●	○	●	
		现场设备安装及检测分项工程质量验收记录	施工单位	●	○	●	
		火灾自动报警及消防联动系统分项工程质量验收记录	施工单位	●	○	●	
		综合防范功能分项工程质量验收记录	施工单位	●	○	●	
		视频安防监控系统分项工程质量验收记录	施工单位	●	○	●	
		入侵报警系统分项工程质量验收记录	施工单位	●	○	●	
		出入口控制（门禁）系统分项工程质量验收记录	施工单位	●	○	●	

工程资料类别	工程资料名称		工程资料来源	工程资料保存			
				施工单位	监理单位	建设单位	城建档案馆
C7类	施工质量验收记录	巡更管理系统分项工程质量验收记录	施工单位	●	○	●	
		停车场（库）管理系统分项工程质量验收记录	施工单位	●	○	●	
		综合布线系统安装分项工程质量验收记录	施工单位	●	○	●	
		综合布线系统性能检测分项工程质量验收记录	施工单位	●	○	●	
		系统集成网络连接分项工程质量验收记录	施工单位	●	○	●	
		系统数据集成分项工程质量验收记录	施工单位	●	○	●	
		系统集成整体协调分项工程质量验收记录	施工单位	●	○	●	
		系统集成综合管理及冗余功能分项工程质量验收记录	施工单位	●	○	●	
		系统集成可维护性和安全性分项工程质量验收记录	施工单位	●	○	●	
		电源系统分项工程质量验收记录	施工单位	●	○	●	

12. 竣工验收资料归档范围和资料类别有哪些？

答：竣工验收资料归档范围和资料类别如表 3-20 所示。

竣工验收资料资料归档范围和资料类别　　　　表 3-20

工程资料类别		工程资料名称	工程资料来源	工程资料保存			
				施工单位	监理单位	建设单位	城建档案馆
C8 类	竣工验收资料	工程竣工报告	施工单位	●	●	●	●
		单位（子单位）工程竣工预验收报验表	施工单位	●	●	●	
		单位（子单位）工程质量竣工验收记录	施工单位	●	●	●	●
		单位（子单位）工程质量控制资料核查记录	施工单位	●	●	●	●
		单位（子单位）工程安全和功能检验资料核查及主要功能抽查记录	施工单位	●	●	●	●
		单位（子单位）工程观感质量检查记录	施工单位	●	●	●	
		施工决算资料	施工单位	○	○	●	
		施工资料移交书	施工单位	●	●	●	
		房屋建筑工程质量保修书	施工单位	●	●	●	

13. 竣工图资料归档范围和资料类别有哪些？

答：竣工图资料归档范围和资料类别如表 3-21 所示。

工程资料类别	工程资料名称			工程资料来源	工程资料保存			
					施工单位	监理单位	建设单位	城建档案馆
D类	竣工图	建筑与结构竣工图	建筑竣工图	编制单位	●		●	●
			结构竣工图	编制单位	●		●	●
			钢结构竣工图	编制单位	●		●	●
		建筑装饰与装修竣工图	幕墙竣工图	编制单位	●		●	●
			室内装饰竣工图	编制单位	●		●	●
		建筑给水、排水与供暖竣工图		编制单位	●		●	●
		建筑电气竣工图		编制单位	●		●	●
		智能建筑竣工图		编制单位	●		●	●
		通风与空调竣工图		编制单位	●		●	●
		室外工程竣工图	室外给水、排水、供热、供电、照明管线等竣工图	编制单位	●		●	●
			室外道路、园林绿化、花坛、喷泉等竣工图	编制单位	●		●	●

14. 工程竣工文件资料归档范围和资料类别有哪些?

答: 工程竣工文件资料归档范围和资料类别如表 3-22 所示。

工程竣工文件资料归档范围和资料类别　　表 3-22

工程资料类别	工程资料名称		工程资料来源	工程资料保存			
				施工单位	监理单位	建设单位	城建档案馆
E 类	工程竣工文件						
E1 类	竣工验收文件	单位（子单位）工程质量竣工验收记录	施工单位	●	●	●	●
		勘察单位工程质量检查报告	勘察单位	○	○	●	●
		设计单位工程质量检查报告	设计单位	○	○	●	●
		工程竣工验收报告	建设单位	●	●	●	●
		规划、消防、环保等部门出具的认可文件或准许使用文件	政府主管部门	●	●	●	●
		房屋建筑工程质量保修书	施工单位			●	
		住宅质量保证书、住宅使用说明书	建设单位	●	●	●	●
		建设工程竣工验收备案表	建设单位	●		●	●
E2 类	竣工决算文件	施工决算资料	施工单位	○	○	●	●
		监理费用决算资料	监理单位		○	●	●
E3 类	竣工文档文件	工程竣工档案预验收意见	城建档案管理部门			●	●
		施工资料移交书	施工单位	●		●	
		监理资料移交书	监理单位		●	●	
		城市建设档案移交书	建设单位			●	
		工程竣工总结	建设单位			●	●
		竣工新貌影像资料	建设单位	●		●	●

145

15. 建设工程资料归档的质量要求有哪些?

答：根据《建设工程文件归档整理规范》GB/T 50328 的规定，建设工程资料在归档时应满足以下质量要求：

（1）归档的工程文件应为原件。

（2）工程文件的内容和深度必须符合国家有关工程勘察、设计、施工、监理等方面的技术规范、标准和规程。

（3）工程文件的内容必须真实、准确，与工程实际相符合。

（4）工程文件应采用耐久性强的书写材料，如碳素墨水、蓝黑墨水，不得使用易褪色的书写材料，如：红色墨水、纯蓝墨水、圆珠笔、复写纸、铅笔等。

（5）工程文件应字迹清楚、图样清晰，图表整洁，签字盖章手续完备。

（6）工程文件中文字资料幅面尺寸规格宜为 A4 幅面（297mm×210mm）。图纸宜采用国家标准图幅。

（7）工程文件的纸张应采用能够长期保存的韧力大、耐久性强的纸张。图纸一般采用蓝晒图。不得采用计算机出图的复印件。

（8）所有竣工图均应加盖竣工图章。竣工图章的基本内容应包括："竣工图"字样、施工单位、编制人、审核人、技术负责人、编制日期、监理单位、现场监理、总监。竣工图章尺寸为：50mm×80mm。其中竣工图一栏 15mm×80mm，其余行间距均为 7mm，每列间距为 20mm。竣工图章应使用不易褪色的红印泥，应盖在图表栏上方空白处。竣工图章实例如图 3-2 所示。

竣工图			
施工单位			
编制人		审核人	
技术负责人		编制日期	
监理单位			
总监		现场监理	

图 3-2　竣工图章实例

利用施工图改绘竣工图，必须标明变更修改依据；凡施工图结构、工艺、平面布置等有重大改变，或变更部分超过图幅的1/3的，应当重新绘制竣工图。不同幅面的过程图纸应按《技术制图　复制图的折叠方法》GB/T 10609.3要求统一折叠成A4幅面（297mm×210mm），图标栏露在外面。

16. 怎样进行工程资料分类与编号？

答：（1）工程资料分类

工程建设资料按其产生的阶段和用途不同分为A、B、C、D、E等几类。A类资料指的是项目建设资料，B类指的是工程建设监理资料，C类指的是施工资料，D类指的是工程竣工验收资料，E类指的是工程竣工文件。

（2）工程资料编号

1）工程建设前期准备阶段。这一阶段的文件宜按《建筑工程资料管理规程》JGJ/T 185中规定的类别和形成时间顺序编号。

2）监理资料宜按《建筑工程资料管理规程》JGJ/T 185中规定的分部、子分部、类别和形成时间按顺序编号。属于单位工程整体管理内容的资料，编号中的分包、子分部工程的代号可用"00"代替。

3）施工资料编号宜符合下列规定：

① 施工资料编号可由分部、子分部、分类、顺序号4组代号组成，组与组之间应用横线隔开，例如"00-00-B2-001"等。

② 属于单位工程整体管理内容的资料，编号中的分部、子分部工程代号可用"00"代替，例如"03-05-002"等。

③ 同一厂家、同一品种、同一批次的施工物资用在两个分部、子分部工程中时，资料编号中的分部、子分部工程代号按主要使用部位编填写。例如，同一材料用于多个分部工程时，产品合格证、检验报告、复验报告编号可选用主要分部代号。但为方便对用于其他部位的材料进行追溯、查找，宜在复验报告空白处

或编目时记录具体使用部位。

④ 竣工图宜按《建筑工程资料管理规程》JGJ/T 185 中规定的类别和形成的时间顺序编号。

⑤ 工程资料的编号应及时填写，专用表格的编号应填写在表格右上角的编号栏中；非专用表格应在资料右上角的适当位置注明资料编号。

17. 建筑工程资料归档的规定有哪些？

答：（1）归档资料应符合的规定

归档文件必须完整、准确、系统，能够反映工程建设活动的全过程。文件材料归档范围应符合《建设工程文件归档整理规范》GB/T 50328 的规定。文件材料的质量应符合建设工程资料归档的质量要求。归档文件必须经过分类整理，并应组成符合要求的案卷。

（2）归档时间应符合的规定

根据基本建设程序和工程特点，归档可以分阶段分期进行，也可以在单位或分布工程通过竣工验收后进行。勘察、设计单位应当在任务完成时，施工、监理单位应当在工程竣工验收前，将各自形成的有关工程档案向建设单位归档。

（3）归档顺序应符合的规定

勘察、设计、施工单位在收集工程文件并整理立卷后，建设单位、监理单位应根据城建档案管理机构的要求对档案文件的完整、准确、系统情况和案卷质量进行审查。审查合格后向建设单位移交。勘察、设计、施工、监理单位等向建设单位移交档案时，应编制移交清单，双方签字、盖章后方可移交。

（4）归档数量应符合的规定

工程档案一般不少于两套，一套由建设单位保管，一套（原件）移交当地城建档案馆（室）。凡设计、施工、监理单位需向本单位归档的文件，应按《建设工程文件归档整理规范》GB/T 50328 附录 A 的要求单独立卷归档。

18. 建筑工程文件的立卷及排列编码包括哪些内容?

答:(1)建筑工程文件的立卷原则和方法

1)立卷应遵循工程文件的自然形成规律,保持卷内文件的有机联系,便于档案的保管和利用。

2)一个建设工程由多个单位工程组成时,工程文件应按单位工程组卷。

3)立卷可采用如下方法:

① 工程文件可按建设程序划分为工程准备阶段的文件、监理文件、施工文件、竣工图、竣工验收文件5部分;

② 工程准备阶段文件可按建设程序、专业、形成单位等组卷;

③ 监理文件可按单位工程、分部工程、专业、阶段等组卷;

④ 施工文件可按单位工程、分部工程、专业、阶段等组卷;

⑤ 竣工图可按单位工程、专业等组卷。

⑥ 竣工验收文件按单位工程、专业等组卷。

4)立卷过程中宜遵循下列要求:

① 案卷不宜过厚,一般不超过40mm。

② 案卷内不应有重份文件;不同载体的文件一般应分别组卷。

(2)建筑工程文件的排列编码

1)文字材料按事项、专业顺序排列。同一事项的请示与批复、同一文件的印本与定稿、主件与附件不能分开,并按批复在前、请示在后,印本在前、定稿在后,主件在前、附件在后的顺序排列。

2)图纸按专业排列,同专业图纸按图号顺序排列。

3)既有文字材料又有图纸的案卷,文字材料排前,图纸排后。

4)归档的规定:

① 编制卷内文件页号应符合下列规定:

a. 卷内文件均按有书写内容的页面编号。每卷单独编号，页号从"1"开始。

b. 页号编写位置：单面书写的文件在右下角；双面书写的文件，正面在右下角，背面在左下角。折叠后的图纸一律在右下角。

c. 成套图纸或印刷成册的科技文件材料，自成一卷的，原目录可代替卷内目录，不必重新编写页码。

d. 案卷封面、卷内目录、卷内备考表不编写页号。

② 卷内目录的编制应符合下列规定：

a. 卷内目录式样宜符合《建设工程文件归档整理规范》GB/T 50328 附录 B 的要求。

b. 序号：以一份文件为单位，用阿拉伯数字从 1 依次标注。

c. 责任者：填写文件的直接形成单位和个人。有多个责任者时，选择两个主要责任者，其余用"等"代替。

d. 文件编号：填写工程文件原有的文号或图号。

e. 文件题名：填写文件标题的全称。

f. 日期：填写文件形成的日期。

g. 页次：填写文件在卷内所排的起始页号。最后一份文件填写起止页号。

h. 卷内目录排列在卷内文件首页之前。

③ 卷内备考表的编制应符合下列规定：

a. 卷内备考表的式样宜符合《建设工程文件归档整理规范》GB/T 50328 附录 C 的要求。

b. 卷内备考表主要标明卷内文件的总页数、各类文件页数（照片张数），以及立卷单位对案卷情况的说明。

c. 卷内备考表排列在卷内文件的尾页之后。

④ 案卷封面的编制应符合下列规定：

a. 案卷封面印刷在卷盒、卷夹的正表面，也可采用内封面形式。案卷封面的式样宜符合《建设工程文件归档整理规范》GB/T 50328 附录 D 的要求。

b. 案卷封面的内容应包括：档号、档案馆代号、案卷题名、编制单位、起止日期、密级、保管期限、共几卷、第几卷。

c. 档号应由分类号、项目号和案卷号组成。档号由档案保管单位填写。

d. 档案馆代号应填写国家给定的本档案馆的编号。档案馆代号由档案馆填写。

e. 案卷题名应简明、准确地揭示卷内文件的内容。案卷题名应包括工程名称、专业名称、卷内文件的内容。

f. 编制单位应填写案卷内文件的形成单位或主要责任者。

g. 起止日期应填写案卷内全部文件形成的起止日期。

h. 保管期限分为永久、长期、短期三种期限。

i. 密级分为绝密、机密、秘密三种。同一案卷内有不同密级的文件，应以高密级为本卷密级。

⑤ 卷内目录、卷内备考表、案卷内封面应采用70g以上白色书写纸制作，幅面统一采用A4幅面。

5）案卷装订

① 案卷可采用装订与不装订两种形式。文字材料必须装订。既有文字材料，又有图纸的案卷应装订。装订应采用线绳三孔左侧装订法，要整齐、牢固，便于保管和利用。

② 装订时必须剔除金属物。

6）卷盒、卷夹、案卷脊背

① 案卷装具一般采用卷盒、卷夹两种形式。

a. 卷盒的外表尺寸为310mm×220mm，厚度分别为20、30、40、50mm。

b. 卷夹的外表尺寸为310mm×220mm，厚度一般为20～30mm。

c. 卷盒、卷夹应采用无酸纸制作。

② 案卷脊背。案卷脊背的内容包括档号、案卷题名。

19. 怎样进行建筑工程档案的验收与移交？

答：（1）归档和移交的工程文档应符合下列规定：

1）归档文件必须完整、准确、系统，能够反映工程建设活动的全过程。文件材料的质量应符合要求。

2）归档的文件必须经过分类整理，并应组成符合要求的案卷。

（2）归档时间应符合下列规定：

1）根据建设程序和工程特点，归档可以分阶段分期进行，也可以在单位或分部工程通过竣工验收后进行。

2）勘察、设计单位应当在任务完成时，施工、监理单位应当在工程竣工验收前，将各自形成的有关工程档案向建设单位归档。

3）勘察、设计、施工单位在收齐工程文件并整理立卷后，建设单位、监理单位应根据城建档案管理机构的要求对档案文件完整、准确、系统情况和案卷质量进行审查。审查合格后向建设单位移交。

4）工程档案一般不少于两套，一套由建设单位保管，一套（原件）移交当地城建档案馆（室）。

5）勘察、设计、施工、监理等单位向建设单位移交档案时，应编制移交清单，双方签字、盖章后方可交接。

6）凡设计、施工及监理单位需要向本单位归档的文件，应按国家有关规定单独立卷归档。

（3）工程档案的验收与移交：

1）列入城建档案馆（室）档案接收范围的工程，建设单位在组织工程竣工验收前，应提请城建档案管理机构对工程档案进行预验收。建设单位未取得城建档案管理机构出具的认可文件，不得组织工程竣工验收。

2）城建档案管理部门在进行工程档案预验收时，应重点验收以下内容：

① 工程档案齐全、系统、完整；

② 工程档案的内容真实、准确地反映工程建设活动和工程实际状况；

③ 工程档案已整理立卷，立卷符合规范规定；

④ 竣工图绘制方法、图式及规格等符合专业技术要求，图面整洁，盖有竣工图章；

⑤ 文件的形成、来源符合实际，要求单位或个人签章的文件，其签章手续完备；

⑥ 文件材质、幅面、书写、绘图、用墨、托裱等符合要求。

3）列入城建档案馆（室）接收范围的工程，建设单位在工程竣工验收后 3 个月内，必须向城建档案馆（室）移交一套符合规定的工程档案。

4）停建、缓建建设工程的档案，暂由建设单位保管。

5）对改建、扩建和维修工程，建设单位应当组织设计、施工单位据实修改、补充和完善原工程档案。对改变的部位，应当重新编制工程档案，并在工程竣工验收后 3 个月内向城建档案馆（室）移交。

6）建设单位向城建档案馆（室）移交工程档案时，应办理移交手续，填写移交目录，双方签字、盖章后交接。

20. 施工前期的资料包括哪些内容？

答：施工前期资料主要为建设单位资料，它分为决策类文件 A_1、建设用地文件 A_2、勘察设计文件 A_3、招标投标与合同文件 A_4、开工文件 A_5、商务文件 A_6，详见图 3-3。

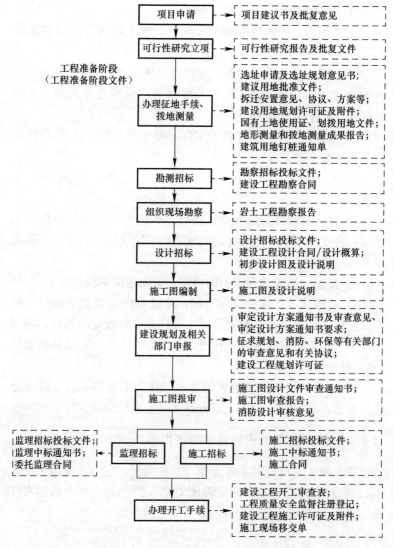

图 3-3　建设单位文件资料的形成过程

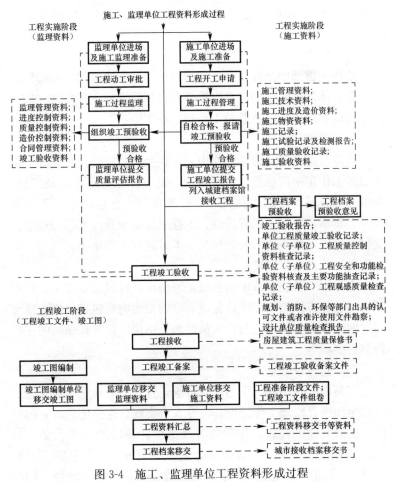

21. 施工期间工程资料包括哪些?

答：施工期间的单位工程资料来源于施工单位、监理单位和试验单位、检测单位，按《建筑工程资料管理规程》JGJ/T 185 可分为施工管理资料、施工技术资料、施工进度及造价资料、施工物资资料、施工记录、施工试验记录及检测报告、施工质量验收记录、竣工验收资料八类。施工资料的形成过程如图 3-4 所示。

图 3-4 施工、监理单位工程资料形成过程

22. 监理管理资料包括哪些类型?

答：监理管理资料包括如下类型：

(1) 监理规划

监理规划是结合项目具体情况制定的指导各项目监理工作开展的纲领性文件；监理规划在签订委托合同及收到设计文件后，由总监理工程师主持，专业监理工程师共同参与编制。监理规划由总监及编制人员、监理单位技术负责人签字，并加盖单位公章。

(2) 监理实施细则

监理实施细则是在监理规划指导下，由专业监理工程师针对各专业具体情况制定的具有实施性和可操作性的业务文件。监理实施细则必须由项目总监理工程师批准实施。

(3) 监理月报

监理月报是项目施工过程中，项目经理机构就工程实际情况和监理工作定期向建设单位所作的汇报。监理月报由项目总监组织编写，签署后送建设单位和本监理单位。它包括本月工程概况、工程形象进度、工程进度、工程质量、工程计量和工程价款支付、合同其他事项的处理情况、本月监理工作小结。

(4) 监理会议纪要

它是由项目监理部根据会议记录整理，经过总监理工程师审阅，与会各方代表签字确认完成。它的主要内容包括：例会地点与时间，会议主持人，与会人员姓名、单位、职务；例会的主要内容、事项等。

(5) 监理日志

它是以项目监理工作为记载对象，自该项目监理工作开始之日起至该项目监理工作结束，由专人负责逐日连续记载。它包括施工记录（施工人数、作业内容及部位；使用的主要设备、材料；主要分部、分项工程开工、完工的标记）、注意事项记载（巡检、旁站、见证记载；报验及验收结果；材料、设备、构配件和主要施工机械设备进场验收情况；施工单位资料报审及审查结果；所发监理通知书的主要内容；建设、施工单位提出的有关事宜及处理意见；工地会议的有关问题；质量事故处理方案；异常事件对施工的影响情况；设计人员现场交底的有关事宜；上级有关部门现场检查、指导意见；其他事项）。

（6）工作联系单

工作联系单用于监理单位和其他参建单位传递意见、建议、决定、通知等的联系用表，当不需要回复时应有签收记录，并应注明收件人姓名、单位和收件日期。

（7）监理工程师通知单

监理工程师通知单应符合现行国家标准《建设工程监理规范》GB/T 50319 的有关规定。

1）对未经监理人员验收或验收不合格的工程材料、构配件、设备，监理人员应拒绝签认，并应签发监理工程师通知单，书面通知承包单位限期将不合格的工程材料、构配件、设备撤出现场。

2）专业监理工程师应检查监督计划的实施，并记录实际进度及相关情况，当发现实际进度滞后于计划进度时，应签发监理工程师通知单指令承包单位采取调整措施。监理单位填写的监理工程师通知单应一式两份，并应由监理单位、施工单位各保存一份。

（8）工程暂停令

工程暂停令应符合现行国家标准《建设工程监理规范》GB/T 50319 的有关规定。监理人员发现施工存在重大质量隐患，可能造成质量事故或已经造成质量事故，应通知总监理工程师及时下达工程暂停令，要求承包单位停工整改。整改完毕并经监理人员复查，符合规定要求后，总监理工程师应及时签署工程开工/复工报审表。总监理工程师下达工程暂停令和签署开工/复工报审表，宜事先向建设单位报告。

23. 监理进度控制资料包括哪些类型?

答：监理进度控制资料包括如下类型：

（1）工程开工/复工报审表

工程开工/复工报审表应符合现行国家标准《建设工程监理规范》GB/T 50319 的有关规定。即专业监理工程师应审查承包单位报送的工程开工报审表及相关资料，具备以下条件时，由总监理工程师签发，并报建设单位。

1）施工许可证获得政府主管部门批准。

2）征地拆迁工作能够满足工程进度的需要。

3）施工组织设计已获得总监理工程师批准。

4）承包单位现场管理人员已到位，机具、施工人员已进场，主要工程材料已落实。

5）进场道路及水、电、通信等已满足开工要求。

整个项目一次开工，只填报一次，如工程项目有多个单位工程且开工时间不同，则每个单位工程都应填报一次。

（2）施工进度计划报审表

施工进度计划报审表是项目监理机构对承包单位所报送的工程施工进度计划的审批答复表。该表应由监理机构的监理工程师填写，并报项目总监理工程师签认。内容应符合现行国家标准《建设工程监理规范》GB/T 50319 的有关规定。

24. 监理质量控制资料包括哪些类型?

答：监理质量控制资料包括以下几类：

（1）旁站监理记录

监理员担任旁站工作，发现问题及时指出并向专业监理工程师报告；做好监理日记和有关监理记录。旁站监理记录应符合现行国家标准《建设工程监理规范》GB 50319 的有关规定。监理单位填写旁站监理记录应一式三份，并应由建设单位、监理单位、施工单位各保存一份。

（2）见证取样和送检见证人员备案表

根据《房屋建筑工程和市政基础设施工程实行见证取样和送检的规定》的要求，见证人员应由建设单位或该工程的监理单位具备建筑施工试验知识的专业技术人员担任，并应由建设单位或该工程的监理单位书面通知施工单位、检测单位和负责该工程的质量监督机构。专业监理工程师应对承包单位报送的拟进场工程材料、构配件和设备的工程材料资料/构配件/设备报审表及其质量证明资料进行审核，并对进场的实物按照委托监理合同约定或有关质量管理文件规定的比例采用平行检验或见证取样方式进行抽检。

对未经监理人员验收或验收不合格的工程材料、构配件、设备，监理人员应拒绝签认，并应签发监理工程师通知单，书面通知承包单位限期将不合格的工程材料、构配件、设备撤出现场。

监理单位填写的见证取样和送检见证人员备案表应一式五份，质量监督站、检测单位、建设单位、监理单位、施工单位各保存一份。

（3）根据《房屋建筑工程和市政基础设施工程实行见证取样和送检的规定》的要求，涉及结构安全的试块、试件和材料见证取样和送检的比例不得低于有关技术标准中规定的应取样数量的30％。下列试块、试件和材料必须实施见证取样和送检。

1）用于承重结构的混凝土试块。

2）用于承重墙体的砌筑砂浆试块。

3）用于承重结构的钢筋及连接接头试件。

4）用于承重墙的砖和混凝土小型砌块。

5）用于拌制混凝土和砌筑砂浆的水泥。

6）用于承重结构的混凝土中使用的掺加剂。

7）地下、屋面、厕浴间使用的防水材料。

8）国家规定必须实行见证取样和送检的其他试块、试件和材料。

在施工过程中，见证人员应按照见证取样和送检计划，对施工现场的取样和送检进行见证，取样人员应该在试样或其包装上作出标识、封志。标识和封志应标明工程名称、取样部位、取样日期、样品名称和样品数量，并由见证人员签字。见证人员应制作见证记录，并将见证记录归入施工技术档案。见证记录一式三份，并应由建设单位、监理单位、施工单位各保存一份。

25. 监理造价控制资料包括哪些类型？

答：造价控制资料包括以下类型：

（1）工程款支付证书

《建设工程监理规范》GB/T 50319 规定，项目监理机构应按下列程序进行工程计量和工程款支付工作。

1）承包单位统计专业监理工程师质量验收合格的工程量，按施工合同的约定填报工程量清单和工程款支付申请表。

2）专业监理工程师进行现场计量，按施工合同的约定审核工程量清单和工程款支付申请表，并报监理工程师审定。

3）总监理工程师签署工程款支付证书、并报建设单位。

《工程款支付证书》是与《工程款支付申请》配套使用的表格。在工程预付款、工程进度款、工程结算款等支付时使用。监理单位填写的工程支付证书应一式三份，建设单位、监理单位、施工单位各保存一份。

（2）费用索赔审批表

《建设工程监理规范》GB/T 50319 规定，当施工单位提出索赔的理由同时满足以下条件时，项目监理机构应予以受理。

1）索赔事件造成了承包单位直接经济损失的；

2）索赔事件是由于非承包单位的责任发生的；

3）承包单位已按照施工合同规定的期限和程序提出费用索赔申请表；并附有索赔凭证材料。

监理单位填写的费用索赔审批表应一式三份，并应由建设单位、监理单位、施工单位各保存一份。

26. 合同管理资料包括哪些内容？

答：《建设工程监理规范》GB/T 50319 规定，当承包单位提出工程延期要求复核工程建设合同文件的规定条件时，项目监理机构应予以受理。当影响工期事件具有持续性时，项目监理机构可在收到承包单位提交的阶段性工程延期申请表并经过审查后，先由总监理工程师签署工程临时延期申请表并报建设单位。当承包单位提交最终的工程延期申请表后，项目监理机构应复查工程延期及临时延期情况，并由总监理工程师签署工程最终延期审批表。

监理单位填写的工程延期审批表应一式四份，并应由建设单位、监理单位、施工单位、城建档案馆各保存一份。

27. 施工管理资料包括哪些种类？

答：施工管理文件资料包括以下几类。

（1）工程概况

工程概况是对工程基本情况的简要概述，主要包括工程的一般情况、构造特征、设备系统等内容。施工单位填写的工程概况表与施工组织设计同步完成并应一式四份，并由建设单位、监理单位、施工单位、城建档案馆各保存一份。

（2）施工现场质量管理检查记录

施工现场质量管理检查记录是施工企业质量管理体系的具体要求，应符合《建筑工程施工质量验收统一标准》GB 50300 的有关规定；应由施工单位项目经理在进场后，开工前按规定填写，报项目总监理工程师（或建设单位项目技术负责人）检查确认。

施工单位填写的施工现场质量管理检查记录应一式两份，并由监理单位、施工单位各保存一份。

（3）分包单位资质报审表

分包单位资质报审表应符合现行国家标准《建设工程监理规

范》GB/T 50319 的有关规定。对分包资质审核以下内容：分包单位的企业法人营业执照、企业资质等级证书、施工企业安全生产许可证、特殊行业施工许可证、国外（境外）企业在国内内承包工程许可证、外地企业承包工程登记备案资料；分包单位的业绩（指分包单位近三年完成的分部工程内容、类似工程及工程质量情况）；拟分报工程的内容和范围；专职管理人员和特种作业人员的资格证、上岗证。

施工总承包单位填写的分包单位资质报审表一式三份，应由建设单位、监理单位、施工总承包单位各保存一份。

（4）建设工程质量事故调查、勘查记录

建筑工程质量事故发生后应依据《建筑工程质量管理条例》在规定的时间内按规定的程序向上级和政府主管部门报告。当工程事故发生后，由相关调查人员对工程质量事故进行初步了解和现场勘察后形成记录。调查单位填写的建设工程质量事故调查、勘查记录一式五份，并由调查单位、建设单位、监理单位、施工单位、城建档案馆各保存一份。

（5）建设工程质量事故报告书

在工程质量事故发生后有关单位向当地建设行政主管部门报告，填写质量事故报告时应写明质量事故发生的时间，应记载年、月、日、时、分；经济损失是指因质量事故原因导致的超额返工、加固等费用，包括人工费、材料费和一定数目的管理费；事故情况，包括倒塌情况（整体倒塌和局部倒塌的部位）、损失情况（伤亡人数、损失程度、倒塌面积）；事故原因，包括设计原因（计算错误、构造不合理等）、施工原因（事故粗制滥造、材料、构配件或设备质量低劣等）、设计与施工的共同问题、不可抗力；处理意见，包括现场处理情况、设计和施工的技术措施、主要责任者及处理结果。

（6）见证试验检测汇总表

各个实验项目的见证试验检测完成后，应由施工单位填写见证试验检测汇总表一式两份，并由监理单位、施工单位各保存一份。

（7）施工日志

施工日志是施工单位在整个施工阶段有关现场施工活动和施工现场情况变化的真实综合性记录，也是处理施工问题的备忘录和总结管理经验的基本文件。施工日志应以单位工程为记载对象。从工程开工至工程竣工，按专业制定专人负责逐日记载，并保证内容真实、连续和完整。施工日志必须保证字迹清晰、内容齐全，由各专业人员负责签字。由施工单位填写施工日志应一式一份，并应自行保存。

（8）监理工程师通知回复单

监理工程师通知回复单是承包单位落实监理工程师通知后，报项目经理机构检查复核，涉及总监理工程师审批工作内容的回复单，应由总监理工程师审批。施工单位填报的监理工程师通知回复单一式两份，并由监理单位、施工单位各保存一份。

28. 施工技术资料包括哪些类型？

答：施工技术资料包括以下类型：

（1）工程技术文件报审表

施工单位填报的工程技术文件报审表应一式两份，并由监理单位、施工单位各保存一份。

（2）危险性较大的分部分项工程施工方案专家论证表

危险性较大的分部分项工程施工方案专家论证表一式两份，并由监理单位、施工单位各保存一份。

（3）技术交底记录

施工单位填报的技术交底记录应一式一份，并应自行保存。

（4）图纸会审记录

图纸会审记录应由建设、设计、监理和施工单位的项目相关负责人签认，形成正式通知会审记录。施工单位整理汇总的图纸会审记录一式五份，并应由建设单位、设计单位、监理单位、施工单位、城建档案馆各保存一份。

（5）设计变更通知

设计变更按程序批准后，设计单位应及时下达设计变更通知单，要求设计变更通知单内容翔实，必要时应附图，并逐条注明应修改图纸的图号。设计变更通知应由设计专业负责人以及建设、监理和施工单位的相关负责人签认。

设计单位签发的设计变更通知一式五份，并应由建设单位、设计单位、监理单位、施工单位、城建档案馆各保存一份。

（6）工程洽商记录

施工单位在签收后签认设计单位签发的设计变更通知书或设计变更图纸时，如对施工进度或施工准备情况产生影响，应及时向建设单位说明情况，并办理经济洽商。施工过程中，增发、续发、更换施工图时，应同时签办洽商记录，确定新发图纸的启用日期、应用范围及与原图的关系；如有已按原图施工的情况，要说明处置的意见。

工程洽商记录应分专业办理，内容翔实，必要时应附图，并逐条注明应修改图纸的图号。工程洽商记录应由设计专业负责人以及建设、监理和施工单位的相关负责人签认。设计单位如委托建设（监理）单位办理签认，应办理委托手续。

工程洽商提出单位填写工程洽商记录应一式五份，并应由建设单位、设计单位、监理单位、施工单位、城建档案馆各保存一份。

29. 工程进度造价资料包括哪些种类？

答：工程进度造价资料包括以下种类：

（1）工程开工报审表

专业监理工程师应审查承包单位报送的开工报审表及相关资料。当具备规定的开工条件时，应由总监理工程师签发，并报建设单位。申报程序是建设单位依据合同约定完成前期准备工作，并满足施工作业条件后，应由施工单位向建设单位提交开工申请，填写《工程开工报告》。

申报的相关资料：

1）施工许可证已由政府主管部门批准。

2）征地拆迁工作能满足工程进度的需要。

3）施工组织设计（方案）已获得总监理工程师批准。

4）承包单位现场管理人员已到位，机具、施工人员已进场，主要工程材料已落实。

5）进场道路及水、电、通信等已满足开工要求。

一个单位工程只填报一次开工报告，如该单位工程包含有多个子单位工程且开工时间不同，则每个子单位工程均应单独填写开工报告。施工单位填写开工报告，应一式四份并应由建设单位、监理单位、施工单位、城建档案馆各保存一份。

（2）工程复工报审表

复工报审表应符合现行国家标准《建设工程监理规范》GB/T 50319 的有关规定。施工单位填报的工程复工报审表应一式四份并应由建设单位、监理单位、施工单位、城建档案馆各保存一份。

（3）施工进度计划报审表

施工进度计划报审表时监理机构对承包单位所报送的工程施工进度计划（或者调整计划）的审批答复表。由承包单位填写施工进度计划及说明，项目经理签字。《建设工程监理规范》GB/T 50319 规定，总监理工程师审批承包单位报送的施工总进度计划和年、季、月进度计划；专业监理工程师对进度计划实施情况检查、分析。

施工单位填报施工进度计划报审表一式三份。应由建设单位、监理单位、施工单位各保存一份。

（4）人、机、料报审表

施工单位填报的人、机、料报审表应一式两份，监理单位、施工单位各保留一份。

（5）工程延期申请表

施工单位填报的工程延期申请表应一式三份，并应由建设单位、监理单位、施工单位各保留一份。

（6）工程款支付申请表

工程款支付申请表由承包单位统计，经专业监理工程师质量验收合格的工程量，按施工合同约定，填报工程量清单和工程款支付申请表；专业监理工程师进行现场计量，按施工合同的约定，审定工程量清单和工程款支付申请表，并报总监理工程师审定；总监理工程师签署工程款支付证书，并报建设单位。

工程款支付申请表应符合《建设工程监理规范》GB/T 50319 的有关规定。施工单位填报的工程款支付申请表应一式三份，并应由建设单位、监理单位、施工单位各保留一份。

（7）工程变更费用报审表

根据《建设工程监理规范》GB/T 50319 的有关规定，由设计单位对原设计存在的缺陷提出的工程变更，应编制设计变更文件；建设单位或施工单位提出的工程变更，应提交总监理工程师，由总监理工程师组织专业监理工程师审查。审查同意后，应由建设单位转交原设计单位编制设计变更文件。当工程变更涉及安全、环保等内容时，应按规定对相关事项报主管单位审定。此外，在总监理工程师签发工程变更单之前承包单位不得实施工程变更；未经总监理工程师审查同意而实施的工程变更项目监理机构不予以计量。

（8）费用索赔申请表

根据《建设工程监理规范》GB/T 50319 的有关规定，当承包单位提出的索赔理由同时满足以下条件：索赔事件造成了承包单位直接经济损失；索赔事件是由非承包单位的责任发生的；承包单位已按照施工合同约定的期限和程序提出费用索赔申请表，并附有索赔凭证材料，项目监理机构应予以受理。

索赔申请表应符合《建设工程监理规范》GB/T 50319 的有关规定，施工单位填报的索赔申请表应一式三份，并应由建设单位、监理单位、施工单位各保留一份。

30. 主要物资资料文件包括哪些内容？

答：主要物资资料文件包括以下几种类型：

（1）砂、石、砖、水泥、钢筋、隔热保温、防腐材料、轻集料出厂证明文件，文件的数量按材料的检查验收批确定。

（2）质量证明文件包括合格证或质量证明书和检验报告，供应单位随物资进场提交。

（3）物资出厂合格证、质量保证书、检验报告和保管单或商检证，供应单位随物资进场提交，由施工单位负责收集附件（包括产品出厂合格证、性能检测报告、出厂试验报告、进场复试报告、材料构配件进场检验记录，产品备案文件、进口产品的正文说明和商检证书）。

（4）常见的结构用料有半成品钢筋、焊条、焊剂和焊药、外加剂、商品混凝土、预制混凝土构件、预制桩、钢桩、钢筋笼等成品或半成品桩、砂石用料、钢结构用钢材、连接件、涂料、半成品钢构件；轻质隔墙材料如砌块、隔墙板、节能保温材料、防水材料装饰材料等。

（5）材料、设备的相关检验报告、型式检测报告、3C 强制认证和各证书或 3C 标志。供应单位或加工单位负责收集、整理和保存所供物资原材料的质量证明文件。施工单位则收集、整理和保存供应单位或加工单位提供的质量证明文件和进场后的试（检）验报告；各单位应对各自范围内工程资料的汇集、整理结果负责，并保证工程资料的可追溯性。

（6）主要设备、器具的安装使用说明书。由物资供应单位提供，施工单位收集。主要有：地下墙与梁板之间的接驳器；预应力工程物资（预应力筋、锚具、夹具和连接器、水泥、外加剂和预应力筋用螺旋管）。

（7）进口的主要材料设备的商检证明文件。进口材料和设备等应有商检证明［国家认证委员会公布的强制性（3C）产品除外］，中文版的质量证明文件、性能检测报告以及中文版的安装维修、使用、试验要求等技术文件。

（8）涉及安全、卫生、环保的物资应有相应资质等级检测单位的决策报告，如压力容器、消防设备、生活供水设备、卫生洁具等；涉及结构安全和使用功能的材料需要代换且改变了设计要求时，必须有设计单位签署的认可文件。

31. 施工物资进场检验的通用表格有哪几种类型？

答：施工物资进场检验的通用表格有以下几种类型：

（1）材料、构配件进场检验记录

材料、构配件进场检验记录应符合国家现行有关标准的规定。施工单位填写材料、构配件进场检验记录应一式两份，并由监理单位、施工单位各保存一份。

（2）设备开箱检验记录

建设工程使用的设备进场后，由施工单位、建设（监理）单位、供货单位共同开箱检验。施工单位填写的设备开箱检验记录应一式两份，并由监理单位、施工单位各保存一份。

（3）设备及管道附件试验记录

设备、阀门、闭式喷头、闭式水箱或水罐、风机盘管、成组散热器及其他散热器设备等在安装前按规定进行试验时，均应填写设备及管道附件试验记录，并应由建设单位、监理单位、施工单位各保存一份。

（4）进场复试报告

根据《混凝土结构工程施工质量验收规范》GB 50204 规定，钢筋、水泥、砂浆等材料应在其进场时对其性能进行进场质量复验，其复验过程和内容以及出具的复验报告均应该符合各自现行国家标准的相关要求。

对于防水涂料和防水卷材应根据《地下防水工程质量验收规范》GB 50208 的要求进行进场复验。复验的内容和程序以及出具的复验报告均要符合现行国家有关标准的要求。

对于砖、砌块应根据《砌体结构工程施工质量验收规范》

GB 50203 的规定，进行材料进场复验。

其他材料亦应根据相应的国家标准进行进场复验，并提供符合要求的复验报告。

32. 隐蔽工程验收记录包括哪些工序内容？

答：根据《建筑工程施工质量验收统一标准》GB 50300 的规定，隐蔽工程在隐蔽前应由施工单位图纸有关单位进行验收，并形成验收文件。隐蔽工程验收完毕后由专业工长填写隐蔽工程验收记录，项目技术负责人组织监理旁站，施工单位专业工长、质量检查员共同参加。验收后由监理单位签署验收意见，并下审核结论。若验收存在问题则在验收中给以明示。对存在的问题必须按处理意见进行处理，处理后对该项目进行复查，并将复查结论填入表内。凡未经隐蔽工程验收或验收不合格的工序，不得进入下一道工序施工。

隐蔽工程验收记录应符合国家相关标准的规定。施工单位填写的隐蔽工程验收记录应一式四份，并由建设单位、监理单位、施工单位、城建档案馆各保存一份。

隐蔽工程验收记录工序内容包括：土方工程，支护工程，桩基工程，地下防水工程，结构工程，预应力工程，钢结构工程，节能工程，地面工程，抹灰工程，门窗工程，吊顶工程，轻质隔墙工程，饰面板（砖）工程，幕墙工程，细部工程，建筑屋面工程，给水、排水供暖工程，建筑电气工程，通风与空调工程，电梯工程，智能建筑工程。

33. 工程交接记录包括哪些内容？

答：交接检查记录适用于不同施工单位（专业工种）之间的移交检查，当前一专业工程施工质量对后续专业工程施工质量产生直接影响时，应进行交接检查。如设备基础完工交给机电设备安装，结构工程完毕交给幕墙工程等，并由前一施工单位（专业工种）填写，移交、接受和见证单位各存一份。

相关规定与要求：分项（分部）工程完成，在不同专业施工单位之间应进行工程交接，并进行专业交接检查，填写交接检查记录。移交单位、接收单位和见证单位共同对移交工程进行验收，并对质量情况、遗留问题、工序要求、注意事项、产品保护、注意事项进行记录，填写专业交接检查记录。

交接双方共同填写的交接检查记录应一式三份，并由移交单位、接受单位和见证单位各保存一份。

34. 工程定位测量记录包括哪些内容？

答：工程定位测量记录包括如下内容：

工程定位测量应在工程开工前完成，记录应根据规划部门提供的红线桩、放线成果及总平面图（场地控制网）测定建筑物位置、主控轴线及尺寸、建筑物的±0.000高程，填写工程定位测量记录，报监理单位审核签字后，由建设单位报规划部门验线。填写工程定位测量记录注意以下要求：

（1）测绘部门根据工程建设规划许可证（附件）批准的建筑工程位置及标高依据、提供放线成果，红线桩及场地（或建筑物）控制网等资料。

（2）施工测量方案（用于大型、复杂的工程）企业自存。

（3）建设单位根据报请具有相应资质的测绘部门对工程定位的验线资料向建设单位索取，企业自存。

（4）定位测量完成后，应由建设单位填写建筑工程沿线申请表，报请政府相关测绘部门验线。工程定位测量记录包含建筑物的位置、主控轴线和尺寸、建筑物±0.000绝对高程和坐标点等。

施工单位填写工程定位测量记录应一式四份，并应由建设单位、监理单位、施工单位、城建档案馆各保留一份。

35. 基槽验线记录包括哪些内容？

答：基槽验线记录包括如下内容：

根据《工程测量规范》GB 50026 的规定，基槽验线记录填写时应注意报监理单位审验。收集附件"普通测量成果"及基础平面图等。

（1）施工单位实施基槽开挖后填写含轴线、放坡边线、断面尺寸、标高、坡度等内容，报监理单位审验。收集附件"普通测量成果"及基础平面图等。

（2）相关规定要求。施工测量单位应根据主控轴线和基槽底平面图，检验建筑物基底外轮廓线，集水坑、电梯井坑、垫层底标高（高程）、基槽断面尺寸和坡度等，填写基槽验线记录并报监理单位审核。

（3）注意事项。重大工程和大型工业厂房应有测量原始记录。

（4）该记录由建设单位、、施工单位、城建档案馆各保留一份。

36. 地基验槽记录各包括哪些内容？

答：地基验槽记录包括如下内容：

地基验槽记录应符合现行国家标准《建筑地基基础工程施工质量验收规范》GB 50202 的有关规定，验槽要求如下：

（1）收集相关设计图纸、设计变更洽商及地质勘测报告等。

（2）由总包单位填写，经各相关单位转签后存档。

（3）所有建（构）筑物均应进行施工验槽，基槽开挖后检验要点：核对基坑位置、平面尺寸、坑底标高；核对基坑土质和地下水的情况；空穴、古墓、古井、防空掩体及地下埋设物的位置、深度、性状。基槽检验应填写验槽记录或检验报告。

（4）地基验槽检查记录应由建设、勘察、设计、监理、施工单位共同验收签认。

（5）地基需处理时，应由勘察、设计单位提出处理意见。

施工单位填写地基基槽记录应一式六份，并应由建设单位、监理单位、勘察单位、设计单位、施工单位、城建档案馆各保存一份。

37. 地下工程防水效果检查记录各包括哪些内容？

答：地下工程防水效果检查记录包括如下内容：

现行国家标准《地下防水工程质量验收规范》GB 50208 规定，地下工程验收时，应对地下工程有无渗漏现象进行检查，检查内容包括裂缝、渗漏部位、大小、渗漏情况和处理意见等，填写注意事项和要求如下：

(1) 收集背水内表面结构工程展开图、相关图片、相片及说明文件等。

(2) 由施工单位填写，报送建设单位和监理单位，各相关单位保存。

(3) 相关要求。地下工程验收时，风险渗漏水现象应制作、标示好背水内表面结构工程展开图。

(4) 注意事项。"检查方法及内容"栏内按《地下防水工程质量验收规范》GB 50208 相关内容及技术方案填写。

地下工程防水效果检查记录应由施工单位填写一式三份，并应由建设单位、监理单位、施工单位各保留一份。

38. 防水工程试水检查记录各包括哪些内容？

答：防水工程试水检查记录包括如下内容：

根据现行国家标准《建筑地面工程施工质量验收规范》GB 50209 的规定，地面过程中凡有防水要求的房间应有防水层及装修后的蓄水检查记录。检查内容包括蓄水方式、蓄水时间、蓄水深度、水落口及边缘的封堵情况和有无渗漏现象等。

根据国家现行标准《屋面工程质量验收规范》GB 50207 的有关规定，屋面工程完工后，应对细部构造（屋面天沟、檐沟、檐口、泛水、水落口、变形缝、伸出屋面管道等）、接缝处和保护层进行雨期观察或淋水、蓄水检查。淋水试验持续时间不得少于 2h；做蓄水检查的屋面，蓄水时间不得少于 24h。

防水工程试水检查记录应由施工单位填写，防水工程试验记录应由施工单位填写一式三份，并应由建设单位、监理单位、施工单位各保留一份。

39. 设备单机试运转记录包括哪些内容？

答：为了保证系统安全、正常运行，设备须进行必要的单机试运转试验。设备单机试运转试验应由施工单位报请建设监理单位共同进行。

设备单机试运转记录应符合现行国家标准《建筑给水排水及采暖工程施工质量验收规范》GB 50242、《通风与空调工程施工质量验收规范》GB 50243、《建筑节能工程施工质量验收规范》GB 50411 等的有关规定。

（1）相关规定与要求

1）水泵试运转的轴承升温必须符合设备说明书的规定。检验方法：通电、操作和温度计测温检查。水泵试运转，叶轮与泵壳不应相撞，进、出口部位的阀门应灵活。

2）锅炉风机试运转，轴承升温应符合下列规定：滑动轴承温度最高不得超过 60℃；滚动轴承温度最高不得超过 80℃。检验方法是用温度计测温检查。轴承径向单振幅应符合下列规定：风机转速小于 100r/min 时，不应超过 0.1mm；风机转速为 1000～1450r/min 时，不应超过 0.08mm。检验方法是用测振仪表检查。

（2）注意事项

1）以设计要求和规范规定为依据，适用条目要准确。参考规范包括《机械设备安装工程施工及验收通用规范》GB 50231、《制冷设备、空气分离设备安装工程施工及验收规范》GB 50274、《风机、压缩机、泵安装工程施工及验收规范》GB 50275 等。

2）根据试运转的实际情况填写实测数据，要准确，内容要全，不得漏项。设备单机试运转后应逐台填写试验记录，一台

（组）设备填写一张表格。

3）设备单机试运转前先进行系统试运转调试，一般情况下如设备的性能达不到设计要求，系统试运转调试也不会达到要求。

4）工程采用施工总承包管理模式的，签字人员应为施工总承包单位的相关人员。

施工单位填写的设备单机试运转记录应一式四份，并应由建设单位、监理单位、施工单位、城建档案馆各保留一份。

40. 系统试运转调试记录包括哪些内容？

答：系统试运转调试是对系统功能的最终检验，检验结果应满足设计要求。调试工作在系统投入使用前进行。

系统试运转调试记录应符合现行国家标准《建筑给水排水及采暖工程施工质量验收规范》GB 50242、《通风与空调工程施工质量验收规范》GB 50243、《建筑节能工程施工质量验收规范》GB 50411 等的有关规定。

（1）相关要求

1）供暖系统冲洗完毕应通水、加热，进行试运转和调试。检验方法是观察、测量室温是否满足设计要求。

2）供热管道冲洗完毕应通水、加热，进行试运转和调试。当不具备加热条件时，应延期进行。检验方法：测量各建筑物热力入口处供回水温度及压力。

（2）注意事项

1）以设计要求和规范规定为依据，适用条目要准确。

2）根据试运转的实际情况填写实测数据，要准确，内容要全，不得漏项。

3）工程采用施工总承包管理模式的，签字人员应为施工总承包单位的相关人员。

4）施工单位填写的系统试运转调试记录应一式四份，并应由建设单位、监理单位、施工单位、城建档案馆各保留一份。

41. 接地电阻测试记录包括哪些内容？

答：接地电阻测试记录应符合现行国家标准《建筑电气工程施工质量验收规范》GB 50303、《智能建筑工程质量验收规范》GB 50339 和《电梯工程施工质量验收规范》GB 50310 的有关规定。依据《建筑电气工程施工质量验收规范》GB 50303 的规定，接地装置施工完成测试应合格；避雷接闪器安装完成，整个防雷接地系统连成回路，才能进行系统调试。测试记录的填写由建设（监理）单位及施工单位共同进行。

施工单位填写的接地电阻测试记录应一式四份，并应由建设单位、监理单位、施工单位、城建档案馆各保留一份。

42. 绝缘电阻测试记录各包括哪些内容？

答：电气绝缘电阻测试主要包括电气设备和动力、照明线路及其他必须遥测绝缘电阻的测试，配管及管内穿线分项质量验收前和单位工程质量竣工验收前，应分别按系统回路进行测试，不得漏测。电气绝缘电阻的检测仪器应在检定的有效期内。

绝缘电阻测试记录应符合现行国家标准《建筑电气工程施工质量验收规范》GB 50303、《智能建筑工程质量验收规范》GB 50339 和《电梯工程施工质量验收规范》GB 50310 的有关规定。施工单位填写绝缘电阻测试记录应一式三份，并应由建设单位、监理单位、施工单位各保存一份。

43. 砌筑砂浆试块强度统计、评定记录包括哪些内容？

答：根据《砌体结构工程施工质量验收规范》GB 50203，砌筑砂浆石块强度验收时，其强度合格标准必须符合以下规定：

（1）同一验收批砂浆试块抗压强度平均值必须大于或等于设计强度等级所对应的立方体抗压强度；同一验收批砂浆试块抗压强度的最小一组平均值必须大于等于设计强度等级所对应的立方

体抗压强度的 0.75 倍。

砌筑砂浆的验收批，同一类型、强度等级的砂浆试块应不少于 3 组。当同一试验批只有一组试块时，该组试块的抗压强度平均值必须大于或等于设计强度等级所对应的立方体抗压强度。

（2）砂浆强度应以标准养护，龄期为 28d 的试块抗压试验结果为准。

施工单位填写的砌筑砂浆试块强度统计、评定记录应一式三份，并应由建设单位、施工单位、城建档案馆各保存一份。

44. 结构实体混凝土强度检验记录包括哪些内容？

答：《混凝土结构工程施工质量验收规范》GB 50204 规定，结构实体检验用同条件养护的试件，同条件养护试件的留置方法和取样数量，应符合下列要求：

（1）同条件养护试件岁对应的结构构件或结构部位，应由监理（建设）、施工等各方共同选定；对混凝土结构工程中的各混凝土强度等级，均应留置同条件养护的试件。

（2）同一强度等级的同条件养护试件，其留置的数量应根据混凝土工程和重要性确定，不宜少于 10 组，且不应小于 3 组。

（3）同条件养护试件拆模后，应放置在靠近相应结构构件或结构部位的适当位置，并应采取相同的养护方法。

（4）同条件养护时间应在达到等效养护龄期时进行强度试验。

同条件养护试件的强度代表值应根据强度试验结果按现行国家标准《混凝土强度检验评定标准》GB/T 50107 的规定确定后，所乘的折算系数宜取为 1.10，也可根据当地试验统计结果作适当调整。

施工单位填写的结构实体混凝土强度检验记录应一式四份，并应由建设单位、监理单位、施工单位、城建档案馆各保留一份。

45. 钢筋混凝土结构实体钢筋保护层厚度检验记录包括哪些内容？

答：《混凝土结构工程施工质量验收规范》GB 50204 规定，结构实体混凝土保护层厚度验收合格应符合下列规定：

（1）当全部钢筋保护层厚度检验的合格率为 90％及以上时，钢筋保护层厚度的检验结果为合格。

（2）当全部钢筋保护层厚度检验的合格率小于 90％但不小于 80％时，可再抽取一定数量的构件进行检验；当两次抽样总数和计算的合格率为 90％及以上时，钢筋保护层厚度的检验结果仍应判为合格。

（3）每次抽样检验结果中不合格保护层厚度的最大偏差均不应大于（纵向受力钢筋保护层厚度的允许偏差，对梁类构件为＋10mm，－7mm；对板类构件为＋8mm，－5mm）允许偏差的 1.5 倍。

钢筋混凝土结构实体钢筋保护层厚度检验记录应符合现行国家标准《混凝土结构工程施工质量验收规范》GB 50204 的有关规定。结构实体钢筋保护层厚度检验记录应一式四份，并应由建设单位、监理单位、施工单位、城建档案馆各保留一份。

46. 灌水、满水及通水试验记录包括哪些内容？

答：（1）灌水、满水试验记录

非承压管道系统和设备，包括开式水箱、卫生洁具、安装在室内的雨水管道等，在系统和设备安装完毕后，以及暗装、埋地、有绝热层的室内排水管道进行隐蔽前，应进行灌水、满水试验。灌水、满水试验应按相关项目适用的工程施工质量验收规范的要求进行。

施工单位填写的灌水、满水试验记录应一式三份，并应由建设单位、监理单位、施工单位各保存一份。

（2）通水试验记录

通水试验记录应符合现行国家标准《建筑给水排水及采暖工程施工质量验收规范》GB 50242 的有关规定。室内外给水、中水及游泳池水系统、卫生洁具地漏及地面清扫口及室内外排水系统在安装完毕后，应进行通水试验。

施工单位填写通水试验记录应一式三份，并应由建设单位、监理单位、施工单位各保存一份。

47. 电气设备空载试运行记录包括哪些要求？

答：电气设备空载试运行记录应符合现行国家标准《建筑电气工程施工质量验收规范》GB 50303 的有关规定。建筑电气设备安装完毕后应进行耐压及调试试验，主要包括低压电气动力设备和低压配电箱等。

施工单位填写的电气设备空载试运行记录应一式四份，并应由建设单位、监理单位、施工单位、城建档案馆各保存一份。

48. 智能建筑工程子系统检测记录包括哪些要求？

答：智能建筑工程子系统检测记录应符合现行国家标准《智能建筑工程质量验收规范》GB 50339 的有关规定。施工单位填写的智能建筑工程子系统检测记录应一式四份，并应由建设单位、监理单位、施工单位、城建档案馆各保存一份。

49. 风管漏光、漏风检测记录的要求有哪些？

答：（1）风管漏光检测记录

风管漏光检测记录应符合现行国家标准《通风与空调工程施工质量验收规范》GB 50243 的有关规定，风管系统安装完毕后，应按系统类别进行严密性检验，漏风量应符合设计要求与规范规定。

施工单位填写的风管漏光检测记录应一式三份，并应由建设单位、监理单位、施工单位各保存一份。

（2）风管漏风检测记录

风管漏风检测记录应符合现行国家标准《通风与空调工程施工质量验收规范》GB 50243 的有关规定。

施工单位填写的风管漏风检测记录应一式三份，并应由建设单位、监理单位、施工单位各保存一份。

50. 对检验批、分项工程、分部（子分部）工程质量收记录各有哪些要求？

答：（1）检验批质量验收记录

检验批质量验收记录应符合现行国家标准《建筑工程施工质量验收统一标准》GB 50300 的有关规定。施工单位填写的检验批质量验收记录应一式三份，并应由建设单位、监理单位、施工单位各保存一份。

（2）分项工程质量验收记录

分项工程质量验收记录应符合现行国家标准《建筑工程施工质量验收统一标准》GB 50300 的有关规定。施工单位填写的分项工程质量验收记录应一式三份，并应由建设单位、监理单位、施工单位各保存一份。

（3）分部（子分部）工程质量收记录

分部（子分部）工程质量验收记录应符合现行国家标准《建筑工程施工质量验收统一标准》GB 50300 的有关规定。施工单位填写的分部（子分部）工程质量验收记录应一式三份，并应由建设单位、监理单位、施工单位各保存一份。

51. 对建筑节能分部工程质量验收记录有哪些要求？

答：建筑节能分部工程质量验收记录应符合现行国家标准《建筑工程施工质量验收统一标准》GB 50300 的有关规定。施工单位填写的建筑节能分部工程质量验收记录应一式三份，并应由建设单位、监理单位、施工单位各保存一份。

52. 单位（子单位）工程竣工预验收报验表包括哪些内容？

答：单位（子单位）工程竣工预验收报验表应符合现行国家标准《建设工程监理规范》GB/T 50319 的有关规定，总监理工程师应组织专业监理工程师依据有关法律法规、工程建设强制性标准设计文件及施工合同，对承包单位报送的竣工资料进行审查，并对工程质量进行预验收，对存在的问题通知承包单位及时整改。整改完毕后由总监理工程师签署工程竣工报验单，并应在此基础上提出工程质量评估报告，工程质量评估报告应经总监理工程师和监理单位技术负责人审核签字。施工单位填写的单位（子单位）工程竣工预验收报验表应一式四份，并应由建设单位、监理单位、施工单位、城建档案馆各保存一份。

53. 对单位（子单位）工程质量竣工验收、控制资料核查记录各有哪些要求？

答：(1) 单位（子单位）工程质量竣工验收记录

单位（子单位）工程质量竣工验收记录、单位（子单位）工程质量控制资料核查记录、单位（子单位）工程安全和功能检验资料核查及主要功能抽查记录、单位（子单位）工程观感质量检查应符合现行国家标准《建筑工程施工质量验收统一标准》GB 50300 的有关规定。

施工单位填写的单位（子单位）工程质量竣工验收记录应一式五份，并应由建设单位、监理单位、施工单位、设计单位、城建档案馆各保存一份。

(2) 控制资料核查记录

施工单位填写的单位（子单位）工程质量控制资料核查记录应一式四份，并应由建设单位、监理单位、施工单位、城建档案馆各保存一份。

54. 对单位（子单位）工程安全和功能检验资料核查及主要功能抽查记录有哪些要求？

答：施工单位填写的单位（子单位）工程安全功能检验资料核查及主要功能抽查记录应一式四份，并应由建设单位、监理单位、施工单位、城建档案馆各保存一份。

55. 对单位（子单位）工程观感质量检查记录有哪些要求？

答：施工单位填写的单位（子单位）工程观感质量检查记录应一式四份，并应由建设单位、监理单位、施工单位、城建档案馆各保存一份。

观感质量检查应按建筑结构、给水排水与供暖、建筑电气、通风与空调、电梯、智能建筑六个分项工程展开，共27项内容。

56. 竣工图绘制的要求有哪些？

答：竣工图绘制的要求如下：

（1）竣工图按绘制方法不同可分为以下几种形式：利用电子版施工图改绘的竣工图、利用施工蓝图改绘的竣工图、利用翻晒硫酸纸改绘的施工图、重新绘制的施工图。

（2）绘制单位应根据各地区、各工程的具体情况，采取相应的绘制方法。

（3）利用电子版施工图改绘的竣工图应符合下列规定：

1）将图纸变更结果直接改绘到电子版施工图中，用云线圈出修改部位按表3-23的形式做修改内容备注表。

修改内容备注表 表 3-23

设计变更、洽商编号	简要变更内容

2）竣工图的比例应与原施工图的比例一致。

3）设计图签中应有原设计人员签字。

4）委托本工程设计单位编制竣工图时，应直接在设计图签中注明"施工阶段"，并应有绘制人、审核人的签字。

5）竣工图章可直接绘制成电子版图签，出图后应有相关责任人的签字。

（4）利用施工蓝图改绘的竣工图应符合下列规定：

1）应采用杠（划）改或叉改法进行绘制。

2）应使用新晒制的蓝图，不得使用复制图纸。

（5）利用翻晒硫酸图纸改绘的施工图应符合下列规定：

1）应使用刀片将所需更改部分刮掉，再将变更内容标注在修改部分，在空白处做修改内容备注表；修改内容备注表试样可按表 3-23 执行。

2）晒制成蓝图后，再加盖竣工图章。

（6）当图纸内容变更较多时，应重新绘制竣工图。

（7）竣工图纸折叠方法。

1）图纸折叠应符合下列规定：图纸长为 A，宽为 B，上、下、右三个侧面距图框线的尺寸为 C，图纸边缘左侧距图框线的尺寸为 D。

图幅代号及图幅尺寸　　　　表 3-24

基本图幅代号	0 号	1 号	2 号	3 号	4 号
B(mm)× A(mm)	841×1189	549×841	420×549	297×420	297×210
C(mm)	10			5	
D(mm)	25				

2）折叠图时图面应向内侧成手风琴风箱式。

3）折叠后幅面尺寸应以 4 号图为标准。

4）图签及竣工图章应露在外面。

5）0～3 图纸应装订在 297mm 处折一三角或剪一缺口，并折进装订边。

（8）0～3 图不同图签位的图纸，可分别按图 3-5～图 3-8 所示方法折叠。

（9）图纸折叠前，应准备好一块略小于 4 号图纸尺寸（一般为•292mm×205mm）的模板，折叠时，要先把图纸放在规定位置，然后按照折叠方法的编号顺序依次折叠。

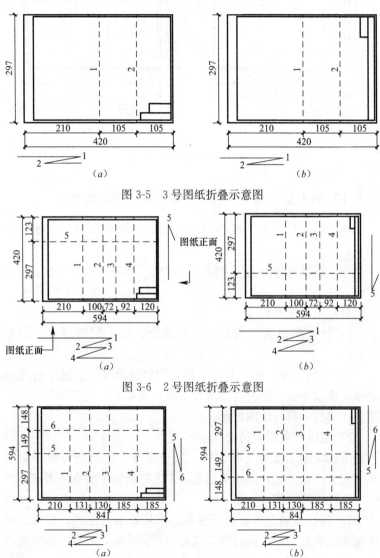

图 3-5 3 号图纸折叠示意图

图 3-6 2 号图纸折叠示意图

图 3-7 1 号图纸折叠示意图

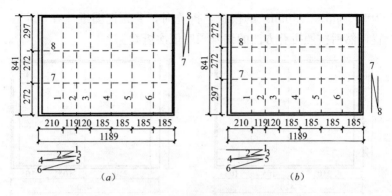

图 3-8　0 号图纸折叠示意图

57. 资料员如何进行施工现场管理与资料收集？

答：资料员在施工现场做好工程资料管理和收集工作步骤如下：

施工管理工作分为三个阶段：即施工准备、施工阶段、竣工验收。

（1）施工准备

1）技术准备承包合同，工程预算、施工组织设计、图纸会审。

2）现场准备三通一平，工程定位放线及复核，施工许可证申报，质监申报，临时占用道路申报，现场文明施工围蔽，临施建造，材料、机具组织进场。

3）组织准备组织劳动力进场。

①确定施工及各工作工序，搭接次序。②组织分段平衡流水，交叉作业计划。③组织新进场工人进行安全教育及考核。

（2）施工阶段

1）质量控制。监督执行规范、规程、工艺标准，贯彻工程质量验收标准，切实执行质量检查和质量验收，做好工序交接捡查验收、隐蔽工程检查验收、防渗漏试水检查验收、变更工程签证，控制材料进场质量，加强施工复核，组织工程质量定期及不定期的质量检查。

2）安全控制。以"预防为主"为原则，控制五个安全因素（人、材料、机械、方法、环境），其中包括：施工作业安排、用电与防火安全，落实层级安全生产责任制，贯彻安全生产奖惩制度措施，落实安全生产检查制度，组织安全技术交底及安全教育学习。

3）进度控制。根据合同工期及施工组织设计，分阶段编制施工进度作业计划，及时检查计划进度，及时调整计划，协调土建与专业施工的协作配合。

4）成本控制。及时做好经济签证，贯彻降低成本措施，优化进度计划，优化劳动力，严格控制材料进场数量及质量，材料发放实行限额领料，加强施工放线复核，做到事前控制质量，减少事后返工损失，掌握经济索赔技巧及索赔签证技巧，减少经济损失。

5）文明施工。施工现场场容管理。

6）现场料具管理。包括：生产工具（做好发放与回收）、现场材料（施工平面布置图分类堆放并加标色），周转料（分类堆放）。

（3）竣工验收阶段

1）技术资料整理组编。包括：施工日志，工程变更、施工验收及检查记录，材料试验报告，质量检查验收记录，资料应及时记录、及时签证、及时积累、及时整理。技术资料是甲方用作核对结算的依据，不容忽视。

2）竣工工程预验收检查。组织竣工工程预验收，检查验收前工程遗留或未完善的工程收尾工作，及时处理，为竣工验收创造条件。

3）工程竣工验收备案。《房屋建筑工程和市政基础设施工程竣工验收备案管理暂行办法》规定：建设单位办理工程竣工验收备案应提交以下材料：

① 工程竣工验收备案表（房屋建筑工程和市政基础设施工

程竣工验收备案表）。

② 工程竣工验收报告。

③ 法律、行政法规规定应当由规划、公交消防、环保等部门出具的认可文件或者准许使用文件。

④ 施工单位签署的工程质量保修书。

⑤ 法规、规章规定必须提供的其他文件。

⑥ 商品住宅还应当提交《住宅质量保证书》和《住宅使用说明书》。

4）竣工工程验收。

58. 单位工程施工技术资料的作用、内容和组卷要求各包括哪些内容？

答：（1）单位工程施工技术资料的作用

1）是反映工程质量和工作质量的重要依据。

2）是单位工程施工全过程的真实记录。

3）是单位工程日后维修、扩建、更新的重要档案材料。

4）统一建筑施工企业技术资料的管理工作，有利于工程质量检查和归档。

（2）施工技术资料内容分类

施工技术资料按其性质分为七类：

1）建筑工程法定建设程序必备文件。

2）综合管理资料。

3）工程质量控制资料。包括：验收资料、施工管理资料、产品质量证明文件、检验报告、施工记录及检测报告。

4）工程安全和功能检验资料及主要功能抽查记录。

5）检验批质量验收纪录。

6）施工日志。

7）竣工图。

（3）工程技术资料的组卷要求

组卷原则：施工技术资料的组卷应遵循工程文件自然形成规

律，保持卷内文件内容之间的系统联系，便于档案的保管和利用。组卷时按先文件、后图纸排列。

施工技术资料组卷内容：

①总目录；②工程建设前期法定建设程序文件；③建筑工程综合管理资料；④地基与基础工程；⑤主体结构工程；⑥建筑装饰装修工程；⑦建筑屋面工程；⑧建筑设备安装工程综合管理资料；⑨建筑给水、排水及供暖工程；⑩建筑电气工程；⑪通风与空调工程；⑫电梯安装工程；⑬智能建筑；⑭竣工验收资料；⑮竣工图。

组卷顺序：一般为封面、目录、文件材料、工程照片及封底。

组卷质量要求：归档文件的内容必须真实、准确、签章齐备，书写材料必须耐久、清晰，不得使用铅笔、红色和纯蓝墨水、圆珠笔等易褪色材料书写。若是复写件、复印件（需注明原件存放处），要字迹清楚、牢固，能长期保存。

59. 建筑业统计的基本知识有哪些？

答：（1）建筑业统计的主要工作内容和目的

1）建筑业统计的主要目的

为了解建筑业企业生产经营的基本情况，为各级政府制定政策和计划、进行经济管理与调控提供依据。

2）建筑业统计的主要工作内容

① 对建筑业企业基本情况、生产情况、财务状况进行统计监测；

② 对建筑业企业统计员进行业务培训和指导，对建筑业企业统计数据进行检查。

（2）主要指标解释

1）签订的合同额。指建筑企业在报告期直接同建设单位签订合同的总价款和以前年度同建设单位签订合同的未完工程跨入本年度继续施工工程合同的总价款余额。

2）建筑业总产值。它是以货币表现的建筑企业在一定时期内生产的建筑业产品和服务的总和。建筑业总产值包括建筑工程产值、安装工程产值和其他产值三部分内容。建筑工程产值指列入建筑工程预算内的各种工程价值，安装工程产值指设备安装工程价值，其他产值指建筑业总产值中除建筑工程、安装工程以外的产值，包括房屋构筑物修理产值、非标准设备制造产值、总包企业向分包企业收取的管理费以及不能明确划分的施工活动所完成的产值。根据税法规定，在劳务分包合同中，支付给劳务的报酬不缴纳税金，所以有部分劳务企业就没有把这部分人工费核算到建筑业总产值中，包括装饰装修产值、营业收入甚至人数也没有统计，所以，在填报本表时，一定要按照签订的合同全口径地填报建筑业总产值。

3）房屋建筑施工面积。指报告期内施工的全部房屋建筑面积，它包括本期新开工的面积、上期跨入本期继续施工的房屋面积、上期停缓建在本期恢复施工的房屋面积、本期竣工的房屋面积以及本期施工后又停缓建的房屋面积。

4）房屋新开工面积。是指报告期内新开工的各个房屋单位工程的建筑面积之和。它不包括在上期开工跨入报告期继续施工的房屋建筑面积和上期停缓建而在本期复工的建筑面积。新开工面积用于反映报告期内投入施工的房屋建筑规模，为科学组织施工提供依据。

5）房屋建筑竣工面积。指报告期内房屋建筑按照设计要求已全部完工，达到了使用条件，经检查验收鉴定合格的房屋建筑面积。

6）企业总产值。指建筑企业在报告期内全部经济活动的最终成果的货币保险。在企业总产值中除包括建筑企业总产值外还包括建筑企业从事其他经济活动所创造的价值（如工业产值、交通运输产值、商业服务业产值、其他产值收入和劳务收入等）。

工程结算税金及附加（主营业务税金及附加）指因从事建筑业生产活动，取得工程价款结算收入而按规定应缴纳的营业税、城市维护建设税等以及随同营业税金一并计算缴纳的教育费附加等。

（3）主要指标计算方法

1）资产合计＝流动资产合计＋长期投资＋固定资产合计＋无形资产及递延资产小计＋其他资产。

2）工程结算利润＝工程结算收入－工程结算成本－工程结算税金及附加－经营费用。

3）营业收入＝主营业务收入＋其他业务收入。营业利润＝工程结算利润－管理费用－财务费用＋其他业务利润－资产减值损失＋公允价值变动收益＋投资收益。

4）技术装备率＝期末自有机械设备净值÷期末从业人数。

5）动力装备率＝期末自有机械设备总功率÷期末从业人数。

（4）数据收集方法

目前，建筑业统计采用全面调查方法，按照国家统计局制定的《建筑业统计报表制度》，由国家、省、市、县各级统计局组织实施。统计报表由市、县统计局布置到本区域的各建筑企业，各单位填报后在规定时间内上报当地统计局，经逐级审核、汇总，上报国家统计局。

（5）注意事项或主要特点

1）企业无论有没有工作量，都要上报报表。

2）加强报表的催报工作。

3）加强数据审核，严防错漏。一是核准计量单位，产值、财务表的计量单位是"千元"，而不是"万元"。二是逻辑关系的审核，避免出现漏填或人为省略造成的指标缺失。三是平衡关系的审核。

4）做好数据的评估上报。

60. 施工现场计划、统计和信息管理包括哪些内容？

答：（1）计划、统计报表的编制与传递

为了满足信息化管理的要求，计划、统计报表将根据管理软件提供的信息编码办法及要求进行编制，信息传递采用网络传输，提高无纸化办公程度，以达到高效、便捷、准确的传递目的。

1）项目部设置计划统计机构并配备计划统计人员，负责工程施工的计划统计工作，在计划统计业务方面，接受监理工程师的监督与协调。

2）统计报表数字做到真实、准确，严格按照《中华人民共和国统计法》的规定执行。统计报表要加盖承包单位、主管领导、统计部门负责人、制表人的印章方属有效。

3）严格按本合同条款规定的完工工期、本合同技术条款规定的内容和期限以及发包人、监理人的指示，编制施工总进度计划提交发包人和监理人审批。以经审批的合同进度计划作为控制本合同工程进度的依据，并依此编制年、季、月进度计划报监理人审批。提交施工总进度计划的同时，按特殊条款规定的格式，向发包人和监理人提交按月的资金流估算表（估算表包括承包人计划可从发包人处得到的全部款额，以供发包人参考），并按发包人和监理人提成和修订的要求，在指定的期限内提交修订的资金流估算表。

4）按合同规定的计量办法，按月对已完的质量合格的工程进行准确计量，并在每月末随同月付款申请单，按合同工程量清单的项目分项向监理人提交完成工程量月报表和有关计量资料。

5）按相关合同条款要求，及时、准确地向监理人和发包人提供相应的电子文件，文本文件采用 Word，报表及各种形象图表采用 Excel，有关施工进度计划的控制，应用 P3 网络计划管理软件。计划主要为施工进度计划，以及为实现施工进度计划而所制订的设备、配件、材料等供应计划。统计报表主要包括工程、质量、安全等统计报表。

（2）计划的编制、传递与保障

1）编制合理详细的施工进度计划

① 根据控制性工期及业主和监理的要求，编制总的施工进

度计划，建立目标工期计划，重点对影响本标段直线工期的单项工程的关键线路进行控制。达到全工程按动态管理来进行控制，最终实现预期的工程进度计划。

② 对总的施工进度计划进行分解，从总进度逐步分解成年计划、季度计划、月计划、周计划直至日计划；实现以日计划保周计划、以周计划保月计划、以月计划保季计划、以季度计划保年度计划，直至以年计划保证最终计划的完成。

③ 制定合理的技术方案和工期保证措施，施工中随时跟踪进度实施情况，各部门及时反馈信息，由工程技术处协同有关各方对计划进行及时调整。

④ 制定各施工队伍的作业进度计划，使各施工队伍都有明确的进度计划目标。

2）制订及时的供应计划

① 根据施工进度计划，编制人员、设备、配件、材料的供应计划。对于大型设备、较难购买的设备配件必须提前制定计划，以保证及时供应。

② 加工设备、配件、材料等按业主和监理指示的时间制订计划；一般材料、配件按月编制计划。

③ 各种供应计划应及时、合理，经过主管领导审批后，按计划及时采购，并建立仓库，储存部分备用材料、配件。

④ 根据进度计划的安排，合理组织劳动力进场。

3）计划的传递

① 经审批后的书面计划，及时送交有关单位和个人，并作好记录。

② 对计划做好必要的技术交底。

③ 在计划的实施过程中，加强监控和信息反馈。

④ 计划的实施出现偏差，及时予以调整。

4）计划的保障

① 本工程实行项目法施工，工程进度计划的实施是对项目部考核的一项主要内容，并有严格的进度计划目标和奖惩措施。

工程施工前，项目经理须与单位主管签订"责任书"；同样，按职责划分，项目部各级人员层层签订"责任书"，加强管理考核，充分调动全体职工的积极性，从组织和管理制度上确保工程进度按计划实施完成。

② 加强沟通。坚持每日现场例会、每周生产调度会、每旬生产检查会、每月计划会、每季动员会；参加业主、经理组织的各种协调会，积极配合业主和监理；出现情况，及时调整。

③ 加强采购的配件、材料等的及时供应和质量控制，人员的技术水平、上岗资质、健康条件等符合要求，确保人员数量和素质及物资供应不拖施工进度的后腿。

④ 做好施工测量、试验检测等服务工作，加强技术人员的现场巡查，尤其质检人员要实现全过程跟踪、检查，及时发现、收集施工中存在的问题，通过沟通、分析等及时提出解决问题的措施。

第四节　资料安全管理的有关规定

1. 资料安全管理职责有哪些？

答：资料安全管理主要包括如下内容：

(1) 资料管理部门应履行资料安全管理工作职责。

1) 各级资料管理部门负责单位工程资料安全的综合管理工作。

2) 上级资料管理部门负责指导下级资料管理部门的档案安全管理工作。

3) 各级资料管理部门对同级各单位资料安全管理工作负有指导、监督、检查的职责。

4) 上级机关对下级机关、单位的资料的安全管理工作负有指导、监督、检查的职责。

(2) 各单位应加强工程资料安全宣传教育，要采取多种形式开展教育活动，增强全员资料安全意识，并使资料安全教育经常化、制度化。

（3）建立健全工程资料安全管理制度，每年计划预算中应确保合理的经费投入，保证资料安全管理工作的需要，做到每年有计划、有检查、有总结。

（4）各资料管理部门应根据本单位实际情况制定周密细致、便于操作、切实有效的突发性灾害、事故应急处置预案（包括应对火警、防台防汛、地震、信息管理系统受侵害、意外事故等），不断完善应急措施，随时应对可能出现的各种突发性事件，确保资料实体和资料信息的安全。

（5）工程资料管理人员应熟知资料安全保护知识，定期进行资料安全检查，做好检查记录，发现问题或安全隐患应该及时向分管领导汇报，并采取相应的处理措施。

（6）各级资料管理部门应定期在所辖行政区域开展全面、细致的资料安全检查，对检查情况和发现的问题要进行认真分析，并采取切实有效的措施，监督有关单位限时整改。

（7）发生资料安全事故的单位应及时向主管领导和上级机关报告，同时组织在第一时间进行抢救恢复，严禁瞒报、迟报。

2. 资料实体安全管理包括哪些内容？

答：资料实体安全管理包括如下内容：

（1）各单位应确保在工作活动过程中形成的具有保存价值的文件材料收集齐全、完整、真实、准确，并及时归档（包括电子版本）。

（2）各单位应当依法定期将具有长远保存价值的文件资料向有关档案馆移交，撤销单位的文件资料或由于保管条件恶劣可能导致资料不安全的，应提前向档案馆移交或寄存。

（3）建立健全工程资料调卷、归档制度；规范资料提供利用过程中借阅登记和及时归卷的程序；建立工程资料、人员出入库登记制度，确保工程资料安全万无一失。

（4）资料管理工作人员每年应对库藏文件资料进行一次清点核对，做到登记台账与存档资料实体相符。

（5）各级资料管理部门应掌握存档资料安全保管情况，每年定期进行10％的安全性抽样检查，发现问题时应及时采取措施予以处理。

（6）新收集文件资料必须经消毒、除尘后方能归档，并对消毒杀虫情况进行登记。

（7）对老化、破损、褪色、霉变等受损资料载体，不需采取抢救措施，按资料保护技术要求进行修复或复制。

（8）不同载体材质的文件资料应分类存放，规范保存。对特殊载体文件的存放，按其特性和要求，使用规范，并加以保管和存放。

（9）存储涉密文件资料信息的载体，应按所存储信息标明密级，并按相应密级文件的管理要求进行管理。

3. 资料信息安全管理包括哪些内容？

答：资料信息安全管理包括以下内容：

（1）认真执行国家有关档案工作的保密制度，制定各级单位文件资料信息安全管理制度，确保存储资料信息的安全。

（2）做好文件资料的鉴定工作，科学、准确地区分、判定资料开放与控制使用范围。对涉密资料的密级变更和解密，已解密和未解密的仍需要控制使用的文件资料，必须按照国家有关保密法律法规和有关规定办理。

（3）企业各级资料管理部门对所保存的涉密资料和控制使用，在管理和利用时应当依照国家有关法规并根据实际工作需要，制定审批手续并严格执行，不得擅自扩大和开放利用范围。因工作需要汇编资料文件时，凡涉及秘密文件，应当经原制发机关、单位批准，未经批准不得汇入手册。

（4）应加强对计算机和其他信息设备的使用管理，凡涉及保密资料的电子设备、通信和办公自动化系统均应符合保密要求。涉及计算机信息系统必须与互联网实行物理隔离，严禁用处理国家秘密信息的计算机上互联网。与互联网相连的计算机或其他电子信息设备不得存储、处理和传递涉密档案信息。

（5）各级各类文件资料馆面向社会开放的资料信息网站，应按规定报相关公安部门备案，并在接受安全评估合格后，方可接入互联网。应遵守国家有关计算机信息系统、信息网络的安全保密管理规定，建立资料信息、数据上网审批制度，加强上网资料信息安全管理。

（6）各级各类资料管理部门的档案信息管理系统应安全可靠。

1）建立操作权限管理制度，明确权限和操作范围。

2）要建立操作人员密码管理制度，定期修改管理密码。

3）要建立计算机病毒防治制度，定期进行病毒检查。

4）要建立重要数据库和系统主要设备的火灾备份措施，确保档案信息接收、存储及利用的安全。

（7）计算机信息系统打印输出的涉密资料信息，应当按相应密级的文件进行管理。计算机信息系统存储、处理、传递、输出的涉密档案信息要有相应的密级标识，密级标识不能与正文分离。

（8）用介质交换资料信息或数据必须进行病毒预检，防止病毒破坏系统和数据。存储过涉密档案信息的载体的维修，应保证所存储涉密档案信息不被泄露。

（9）到期存档资料经鉴定后，销毁资料载体应确保资料信息无法还原。

1）销毁纸质介质资料载体，应当采用焚毁、化浆、碎纸等方法处理。

2）销毁磁质介质、光盘等资料载体，应当采取物理或化学的方法彻底销毁。

3）禁止将资料载体作为废品出售。

4. 统计报表的编制与传递包括哪些内容?

答：统计报表是本合同现场项目经理部掌握工程进展情况和资金运用情况，及时办理工程报款计算的依据，也是监理人、发包人上级主管部门和国家统计部门的统计基础资料。

① 根据业主和监理的要求、上级的指示、工程施工及管理等需要及时编制各类统计报表。

② 工程将运用软件进行项目进度管理，并按业主发布的规划书、编码体系说明、管理细则来编制进度计划，在签署协议书后 56 天内报送监理人审批。

③ 工程、质量、安全统计报表的数据必须及时收集、整理，且确保数据真实、准确，统计报表负责人必须对所提供的报表负责。

④ 统计报表及时提供给相关部门和单位，并做好发文登记。

5. 施工信息管理的目标和分类各包括哪些内容?

答：(1) 信息管理的目标

通过信息收集、调查研究、系统设计、系统实施、系统评价，是信息管理系统持续改进，不断完善。信息管理目标：建立一个以业主为中心，按照业主、监理单位、施工单位的合作关系以信息的传递、审批、汇总为手段，以进度控制、投资（成本）控制、质量安全控制、合同管理、信息管理为目的，结合工程网络图、合同通用条款及专用条款对工程项目进行多部门的综合管理系统。

(2) 信息流分类

1) 完成合同所需的信息流；

2) 完成现场施工准备、编制施工组织设计，解决重大施工方案及采取先进技术方面的信息流；

3) 疏通物资渠道及解决急需物资方面的信息流；

4) 按时提供完好的大型施工机械设备所需要的信息流。

6. 档案库房安全管理的内容有哪些？

答：档案库房安全管理的内容如下：

（1）资料室（库）面积应符合本单位收集和保管文件资料的需要。

（2）资料室（库）门窗应具有防火性能，并具有良好的密闭性，以防环境的不良因素对资料室（库）内有影响，资料室（库）门窗要采取相应的防光设施，加强资料室（库）的防光能力。

（3）资料室（库）内应配有火灾自动报警系统和适合资料室使用的灭火设备。消防器材应定期检查，及时更换过期的消防器材。库区内消防通道畅通，应急照明完好、疏散标志清晰。库房内不得堆放与文件资料无关的物品，严禁将易燃易爆及其他物品与档案一同存放。

（4）资料室（库）区内应安装安全防护监控系统或防盗报警系统装置，库房门窗应有防盗设施。资料室（库）房通道与阅览室须配备视频监控录像设备。监控录像应至少保留 3 个月。

（5）资料室（库）内应配置有效的温湿度调节设备与检测系统。温度应控制在 14～24℃（±2℃），相对湿度控制在 45%～60%（±5%）。存放特殊载体的文件资料库房应配备空气净化装置或空气过滤设施。

（6）资料室（库）应配有防虫、防霉、防鼠等有害生物的药品，有效的控制面积应达到 100%。建立定期虫霉检查制度，适时更换过期防治药品，及时发现和杜绝档案霉变或虫蛀现象的产生和蔓延。

（7）资料室（库）照明应选择无紫外线光源。如使用日光灯或其他含紫外线的光源灯，要采取相应的过滤措施。

（8）资料室（库）应建立特藏室或专柜，对馆藏重要、专柜文献资料采取特殊的安全防护措施，确保重要、珍贵文件资料的绝对安全。

7. 档案资料安全管理的规定有哪些？

答：档案资料安全管理是指立档单位档案馆对室（馆）藏档案资料实体和信息内容采取有效保护措施，避免受到自然灾害或人为侵害，并使其处于安全状态的管理工作。

（1）档案质量安全管理的目的

加强档案质量安全管理工作，杜绝各类危害档案安全事故发生，确保档案资料安全和最大限度地延长档案寿命。

（2）档案质量安全管理的原则

档案资料安全管理工作遵循严格管理、预防为主、防治结合、确保安全的原则。

（3）档案安全管理内容

包括档案资料安全管理职责、档案实体安全管理、档案信息安全管理、电子档案安全管理和档案库房安全管理。

8. 档案资料安全管理的职责、收集和归档包括哪些内容？

答：（1）档案安全管理职责

1）加强领导。切实加强对档案资料（室）安全管理工作的领导，明确分管领导，制定档案安全责任制，要求责任到人，将档案安全工作列入本单位的议事日程和工作计划，及时研究和解决存在的问题，确保档案安全管理工作责任的落实。

2）做好档案资料安全的宣传教育工作。各单位应加强档案安全宣传教育，要采用多种形式开展教育活动，增强全员档案安全意识，并使档案安全教育经常化、制度化。

3）健全制度，确保资金投入。建立健全档案资料安全管理制度，每年计划预算中应确保合理的经费投入，保证档案安全管理工作的需要，做到每年有计划、有检查、有总结。

4）制定完善档案资料安全应急处置预案。各档案馆（室）应根据本单位实际情况制定周密细致、便于操作、切实有效的突发性灾害、事故应急处置预案（包括应对火灾、防汛、地震、信息管理系统受侵害、意外事故等），不断完善应急措施，随时应对可能出现的各种突发性事件，确保档案实体和档案信息的安全。

5）档案资料管理员的要求：档案管理人员应熟知档案安全保护知识，定期进行档案安全检查，做好检查记录，发现问题或安全隐患应及时向分管领导汇报，并采取相应的处理措施。

6）事故发生后的应对措施：发生档案质量安全事故的单位应及时向主管领导和上级机关报告，同时组织在第一时间进行抢救恢复，严禁瞒报迟报。

（2）收集和归档

档案的归档和收集也是档案安全管理的一个环节，各单位应确保将工作活动过程中形成的具有保存价值的文件材料收集齐全、完整、真实、准确，并及时归档（包括电子版本）。

9. 安全生产档案员职责包括哪些内容？档案管理制度包括哪些内容？

答：（1）安全生产档案员职责

1）负责对本公司安全生产档案和资料进行管理。

2）负责对本公司安全资料的收集、整理及归档。

3）负责档案资料的查询、借阅、发放回收及文件的销毁或隔离存放。

4）负责安全档案的防火、防潮、防盗等。

5）保证安全档案资料的安全。

（2）档案管理制度

1）档案室要牢固安全，配齐主要设备，加强保密工作，确保档案安全有效存放。

2）档案室要加强防火、防潮、防虫、防盗等设施和安全措施，应经常检查、保持档案室的清洁通风和室内适宜的温湿度。

3）不得带无关人员进档案室，不得在室内进行娱乐活动。

4）不得将明火带入档案室内，严禁吸烟，严禁使用电炉等一切大功率电器。

5）档案室内不得存放与档案无关的物品，严禁在档案室周围存放易燃、易爆物品。

6）每季度对档案室做一次安全检查，并做好记录，发现问题及时处理。

10. 施工资料收集登记制度包括哪些内容？

答：施工资料收集登记制度包括如下内容：

（1）各单位提供给工程部的工程文件（工程技术文件、图纸资料）由工程部内设的档案资料室统一接收；上级党政主管机关所发的行政及党务方面的文件由办公室统一接收。

（2）工程部其他部门或个人从外单位带回或通过其他途径收到的工程文件，一律交档案资料室。

（3）设备文件由物资采购组会同有关部门对设备开箱验收，并及时将设备资料立卷归档；设备文件资料由档案室统一归口发放给有关单位。

（4）档案资料室对接收的工程文件资料，必须进行数量和外观质量检查，发现问题应及时通知寄发单位补发。

（5）档案资料室对接收的工程文件应及时建立工程文件登记账和分类账（簿式台账和电子台账），并利用计算机进行各类文件的查询检索。

（6）登记完毕的工程文件，应及时予以处理，在保证归档份数后，应按工程部负责人审定的工程文件分发表及时分发给有关单位和部门。

（7）对接收的密级文件和资料，要严格按照保密规定妥善收存，并认真执行密级文件资料的借阅规定。

（8）档案资料室仅对归档的工程文件实施整编作业，并建立档案登录总登记账和分类登记账；对分发各部门的工程文件资料不进行整编作业。

11. 资料安全管理责任制度包括哪些内容？

答：资料安全管理责任制度包括如下些内容：

（1）负责工程图纸档案的收集、管理

1）负责工程项目所有图纸的接收、清点、登记、发放、归档、管理工作。

2）收集整理施工过程中的工程资料并归档。

（2）参加分部分项工程的验收

1）负责备案资料的填写、会签、整理、报送、归档；负责工程备案管理，实现对竣工验收相关指标（包括质量资料审查记录、单位工程综合验收记录）做备案处理。

2）监督检查施工单位的施工资料编制、管理，做到完整、及时，与工程进度同步；对施工单位形成的管理资料、技术资料、物资资料、验收资料，按施工顺序进行全程督查，保证施工资料的真实性、完整性、有效性。

3）按时向公司档案室移交。在工程竣工后负责将文件资料、工程资料立卷移交公司。

4）负责向城建档案馆移交档案的工作。提请城建档案馆对列入城建档案馆接收范围的工程档案进行验收，取得《建筑工程竣工档案预验收意见》，在竣工验收后将工程档案意见城建档案馆。

5）指导工程技术人员对施工技术资料（包括设备进场开箱资料）的保管；指导工程技术人员对工作活动中形成的、办理完毕的、具有保存价值的文件材料进行鉴定验收，对已竣工验收的工程项目的工程资料分级保管并交资料室。

（3）负责计划、统计的管理工作

1）负责对施工部位、产值完成情况的汇总、申报，按月编制施工统计报表。

2）负责与项目有关的各类合同的档案管理。

3）负责向销售策划提供工程主要形象进度信息。

（4）负责工程项目的内业管理工作

1）协助项目经理做好对外协调、接待工作。

2）负责工程项目的内业管理工作。

3）负责项目的后勤保障工作。

12. 资料安全的保密措施有哪些？

答：（1）资料安全保密措施

1）权限划分权限控制机制

为确保强制访问控制达到安全策略所确定的安全目标，防止由于管理员或特权用户的权限过于集中所带来的安全隐患，将系统的常规管理、与安全有关的管理以及审计管理等，分别由系统用户管理员、系统安全管理员、系统审计管理员来分别承担，并按照最小授权原则分别授予他们完成各自承担任务需要的最小权限，还应在相互间形成制约关系。

2）用户权限划分情况

为明确各使用者操作权限，确保系统安全，系统定义了从系统管理员级到访问级用户的各项权限。除非是系统管理员授权或经当事人知晓以借阅形式查看，任何人都不可非法进入。可以设定和新增使用者，并可设定他们各自的密码以防数据遗漏。系统以用户和角色分别对用户进行授权，例如常用角色有：专职档案管理员、兼职档案管理员、部门负责人、查询用户、分管领导、系统审计管理员、系统安全管理员等。

3）管理员权限划分情况

① 系统角色一：系统用户管理员

a. 新建、删除用户、新建、删除用户组，修改用户属性、修改用户组属性。

b. 系统安全管理员负责制定用户或用户组对系统内目录的访问权限；对记录的浏览、新建、修改、删除权限，正文的浏览、新建、修改、删除权限，对附件的浏览、新建、修改、删除权限。

c. 配置网络访问权限，如服务器、数据库、FTP 访问权限。

d. 备份数据。

e. 不可浏览档案数据。

② 系统角色二：系统安全管理员

a. 指派用户或用户组对业务功能的操作权限。

b. 管理常用数据库。

c. 不可浏览档案数据。

③ 系统角色三：系统审计管理员

a. 管理系统数据日志（数据的增、删、改、浏览）。

b. 不可浏览档案数据。

（2）密级标识

信息的分类分级与标识、用户的分类分级与标识按照主体类别、客体类别进行涉密信息和重要信息的访问控制。密级标识与信息主体不可分离，其自身不可篡改。主体对客体的访问应满足：仅当主体安全级中的等级分类高于或等于客体安全级中的等级分类，主体才能读客体。

（3）身份鉴别

应用系统内的身份鉴别措施采用口令的方式，口令长度不少于 10 位，由大小写英文字母、数字、特殊字符组成，同时口令更换周期不长于一周；依赖于涉密信息系统的身份鉴别措施利用 usbkey 与口令相结合的方式，口令不少于 4 位，或者利用指纹识别方式实现组合技术进行身份鉴别。这两种方式都需要与第三方硬件设备集成实现。

（4）访问控制

应用系统内的访问控制措施对系统中涉密信息和重要信息的浏览、输出（如打印、复印、屏幕截取等）操作进行严格的控制（需要设定上述操作的权限，同时对上述操作形成审计日志）。

（5）应用系统内的审计措施进行安全审计

1）范围。对审计功能的启动、关闭；系统内用户添加、删除；用户权限的更改；系统管理员、安全员、安全审计员、用户所实施的操作等进行相应的审计。

2）审计内容。包括事件发生的时间、地点、类型、主体、客体和结果（成功或失败）。

3）审计记录存储。充足的审计记录存储空间；具有存储空间的阈值设置功能，当存储空间将满时及时报警；防止审计记录被修改；记录至少保存 6 个月（如异常操作记录日志；篡改操作记录日志；记录被修改记录 ID；统计、查询日志信息并形成报表；查阅分析等）。

第四章 专业技能

第一节 施工资料归档管理

1. 施工资料目录的编制包括哪些内容？

答：编制资料收集目录是依据工程项目的合同文件、设计文件、施工组织设计和资料管理计划等，按照工程项目建造概率和基本的工作流程进行的。编制资料收集目录的工作流程如下：

（1）熟悉工程图、工程量清单、施工组织设计及《建筑工程施工质量验收统一标准》GB 50300，确定实施工程项目的分部、分项、检验批；

（2）依据表 4-1 确定资料来源、内容、标准；

（3）依据资料的类别、内容、来源、标准、时间要求编制资料目录，如表 4-1 所列。

地基基础分部工程资料总目录 　　　　表 4-1

工程名称					
序号	工程资料名称	编制单位	编制日期	页次	备注
1	施工管理资料 C1	××建筑工程公司 ××项目部	××年××月××日	××	
2	施工技术资料 C2	××建筑工程公司 ××项目部	××年××月××日	××	
3	进度造价资料 C3	××建筑工程公司 ××项目部	××年××月××日	××	
4	进度物资资料 C4	××建筑工程公司 ××项目部	××年××月××日	××	

序号	工程资料名称	编制单位	编制日期	页次	备注
	工程名称				
5	施工记录 C5	××建筑工程公司 ××项目部	××年××月××日	××	
6	施工试验机 检测报告 C6	××建筑工程公司 ××项目部	××年××月××日	××	
7	施工质量 验收记录 C7	××建筑工程公司 ××项目部	××年××月××日	××	
8	施工验收资料 C8	××建筑工程公司 ××项目部	××年××月××日	××	

2. 编制资料管理流程包括哪些内容？

答：建立资料管理流程包括如下内容：

（1）施工单位资料管理的流程如图 4-1 所示。

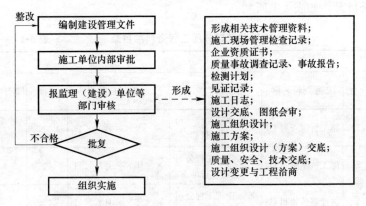

图 4-1　施工单位资料管理的流程

（2）施工单位物资资料管理流程如图 4-2 所示。

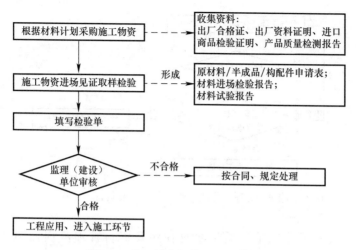

图 4-2　施工单位物资资料管理流程

（3）检验批质量验收程序及资料管理流程如图 4-3 所示。

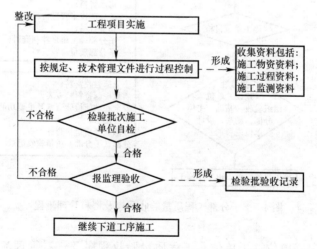

图 4-3　检验批质量验收程序及资料管理流程

（4）分项工程质量验收程序及资料管理流程如图 4-4 所示。

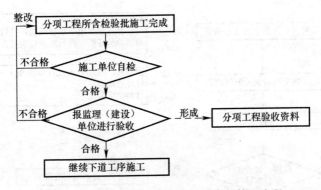

图 4-4　分项工程质量验收程序及资料管理流程

（5）子分部工程质量验收程序及资料管理流程如图 4-5 所示。

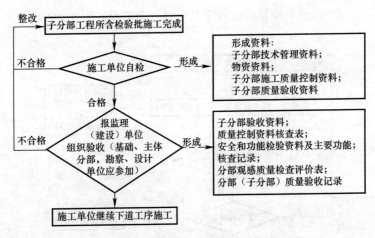

图 4-5　子分部工程质量验收程序及资料管理流程

（6）单位（子单位）工程质量验收程序及资料管理流程如图 4-6所示。

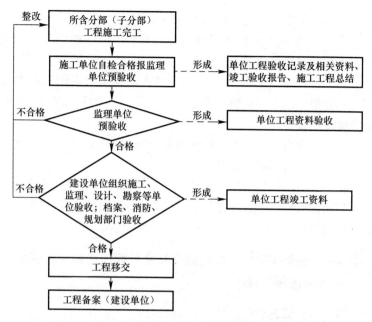

图 4-6　单位（子单位）工程质量验收程序及资料管理流程

3. 怎样进行施工资料的分类与立卷？

答：（1）工程资料按照单位工程参建单位资料收集范围、资料性质和专业分类，分为 A 类工程准备阶段的文件、B 类监理资料、C 类施工资料、D 类竣工图、E 类工程竣工文件。

（2）工程资料编号。

1）工程准备阶段文件、工程竣工文件宜按《建筑工程资料管理规程》JGJ/T 185 中规定的类别和形成时间顺序编号。

2）监理资料宜按《建筑工程资料管理规程》JGJ/T 185 中规定的分部、子分部、类别和形成时间顺序编号。属于单位工程整体管理内容的资料，编号中的分部、子分部工程代号可用"00"代替。

3）施工资料编号宜符合下列规定：

① 施工资料编号可由分部、子分部、分类、顺序号 4 组代

号组成，组与组之间应用横线隔开。

②属于单位工程整体管理内容的资料，编号中的分部、子分部工程的代号可用"00"代替。

③同一厂家、同一品种、同一批次的施工物资用在两个分部、子分部工程中时，资料编号中的分部、子分部工程的代号可按主要使用部位填写。

④竣工图宜按《建筑工程资料管理规程》JGJ/T 185中规定的类别和形成时间顺序编号。

⑤工程资料的编号应及时填写，专用表格的编号宜填写在表格右上角的编号栏中；非专用表格应在资料右上角的适当位置注明资料编号。

4. 工程管理资料台账的建立和费用管理资料台账应用各包括哪些内容？

答：(1) 管理台账的建立

1）施工图台账。施工图台账主要是针对施工图数量及合同工程量清单的错漏项进行修正、分类汇总（即项目发生变更前的实际工程量的汇总），应在进场初期，工程尚未正式开工前完成。承包商进场后，监理应督促各合同段承包商认真核对施工图纸及合同工程量清单，以工程量清单的格式逐一建立起施工图台账。

2）合同清单台账。合同清单台账是以各合同先行编制的施工图台账为基础，按工程量清单格式把对应的分项汇总而建立起来的台账，也就是经过修订的合同工程量清单。合同清单台账是相对于计量支付台账而建的一个静态台账，它不仅反映一个标段的合同细目单价，也是一个合同段的总价台账。

3）计量支付台账。计量支付台账是在中期计量支付过程中，根据各合同审批后的计量资料和支付证书编制的动态台账。计量支付台账应在每期支付完成后及时登录，以真实反映工程项目的实际进度和支付情况，可以说是工程进度的"晴雨表"。

4）工程变更台账。工程变更台账是将经过批准，已完成或尚未完成但能准确计算出工程数量的变更工程，以清单格式拆分成可计量支付的项目，并加以登录、汇总而形成的台账。该台账能清晰地反映变更工程项目工程量和工程费用的增减。除上述台账外，不同的工程项目可以根据自身的特点对这些台账进行删减或建立更为详细的台账。

（2）费用管理台账的应用

费用管理台账建立好以后，随着工程建设的推进，计量支付工作逐步展开，台账在费用管理方面的作用也逐渐显现，主要表现在以下几个方面：

1）便于计量支付，加快支付进度。前期建立起的施工图台账和工程变更账，能很好地帮助实施计量支付工作。各单项工程项目在计量支付台账中反映的工程数量应等于其在施工图台账中的数量与工程变更台账中数量之和。这样可从根本上杜绝超计量和重复计量的发生，严格控制工程投资。

2）有利于编制施工计划，反映工程进度。项目管理者可以利用施工图台账来制定项目的施工计划、年度计划及季度计划，如果施工图台账建立得很详细，则工程实施计划也可以相应细化到各分项分部工程。同时结合工程变更台账，项目管理者能根据增减工程量很快地调整各阶段的工程计划和资金使用计划。而计量支付台账真实地反映了工程进度，据此，项目管理者不但可以了解整个项目的进展情况，还可以适时地管理、控制和修订整个工程进度。当然，工程施工与计量两个环节之间存在着一定的时间间隔，如结构物混凝土的养护周期，施工质量不合格需返工等，所以在编制施工计划、统计工程进度的时候，要根据实际情况进行相应调整。

3）有利于工程变更管理，避免工程量交叉。项目建设过程中，工程变更的出现是在所难免的。在没有建立起台账管理系统之前，往往会在工程项目发生变更或在调整工程施工任务时造成工程量统计的重复和交叉，这样就不利于整个工程的总体控制。建立工程项目施工图台账和工程变更台账后，只要台账是详细而有条理的，每一项发生变更的工程其变更后工程量和工作量的关系就会一目了然。

4）有利于控制项目投资。通过建立费用管理台账，可以定期将清单台账、工程变更台账汇总并与计量支付台账相对比，这样项目管理者就能对各阶段的投资控制情况了如指掌，并能做到心中有数，以利于控制投资，指导施工。

5）有利于工程的结（决）算工作。一个工程建设项目，从一开始就建立起费用管理台账，在项目实施过程中所发生的无论是计量支付、工程变更还是施工任务调整和重新划分，均在各种台账中有明确的记录和反映，这样，待工程项目结束后，整个工程的实际完成工程量和工作量情况就非常清晰，有利于工程的结（决）算工作。建立一个项目详细、条理清晰的工程管理台账系统，需要有一系列庞大的数据库的支持，而且各数据库之间还需要建立很多联系，如果在这一过程中能有效地将计算机技术加以利用，就可以大大提高工作效率。再进一步，如能把各种基础资料，如会议纪要、图片、变更报告等附在系统中，那么整个系统将更加完善。

5. 工程文件资料的发放登记制度包括哪些内容？

答：（1）分发外单位和部门的工程文件资料由档案资料室统一归口办理。

（2）呈送上级单位和部门的工程文件由工程部领导确定发放单位和数量。

（3）档案资料室按工程部领导审定的施工图分发表、设备资料分发表分发工程文件资料。当工程施工图、设备资料分数有限时，档案资料室仅提供施工单位一套或两套文件，不足部分施工单位可委托档案资料室向设计院提出增加施工图供应数量；设备资料文件不足部分，由施工单位自行联系复制，复制的设备资料应加盖"复制件"印章。

（4）分发的图纸资料应建立资料分发台账，资料分发台账应留存备查。

（5）为避免工程文件分发过程中可能出现分发错误的现象，图纸、资料领取单位应指定专人领取，并书面通知档案资料室；档案资料室按指定名单发放工程文件资料。

6. 施工资料交底的内部对象是什么？

答：施工资料交底的对象包括项目经理、项目技术负责人、施工员、质量员、安全员、材料员、机械员、劳务员、标准员、预算员等相关人员。

（1）资料员协助项目经理收发项目文件，编制项目资料管理计划，协助项目经理进行资料签字、签章。

（2）施工资料交底的近外层对象包括质量监督站、安全监督站、建设单位、监理单位、设计单位、勘察单位、试验检测单位及供货单位等有关咨询单位。

7. 确定施工资料交底内容有哪些？

答：（1）建立资料目录，提出资料编制、审核及审批要求

依据《建筑工程资料管理规程》JGJ/T 185 及工程资料类别、来源、保存形成要求及填写要求提出资料编制、审核及审批要求，见表 4-2。

建筑工程施工资料交底 表 4-2

资料名称	填写或编制	审核	审批	交验时间
施工组织设计	项目负责人	项目技术总工	总监理工程师	年　月
施工现场质量检查	项目负责人	项目技术总工	总监理工程师	年　月
检验批质量验收记录	专业质量员	项目专业质量员	专业监理工程师	年　月
分项工程质量验收记录	资料员	项目技术负责人	监理工程师	年　月
（子）分项工程质量验收记录	资料员	项目经理	总监理工程师	年　月
分部工程质量验收记录	资料员	项目技术负责人	建设、监理、施工、设计（项目）负责人	年　月
……	……	……	……	年　月

（2）提出资料整理归档要求

1）建设工程文件归档的范围。归档有两方面含义：一是建设、勘察、设计、施工、监理等单位将本单位在工程建设过程中形成的文件向本单位档案管理机构移交；二是勘察、设计、施工、监理等单位将本单位在工程建设过程中形成的文件向建设单位档案管理机构移交。

2）建设工程归档资料要求。建设工程归档资料收集质量、分类和组卷均应符合《建设工程文件归档规范》GB/T 50328 的要求。

（3）提出相关人员有关资料管理的职责

1）项目经理。参与工程竣工验收，准备结算资料和分析总结，接受审计。

2）项目技术负责人。负责组织对项目施工组织设计和施工技术措施的编制和贯彻执行。指导、检查各项施工资料的正确填写和收集整理。

3）专业施工员。参加图纸会审各施工计划的编制，编制各项施工组织设计方案和施工安全、质量、技术方案，编制各单项工程进度计划及人力、物力计划和机具、用具、设备计划。编制工程进度计划表和月进度计划表及各班组的月进度计划表。

4）项目专业质量员。负责设计变更信息的传递和整理，负责施工资料的答疑，负责施工过程中质量控制的验证和确认，针对工序施工中的各个环节质量进行检查验证，对出现的问题及时纠正，必要时可责令停工。负责对施工用的水泥、钢筋和混凝土试验进行质量跟踪并填写相关记录、编制工程质量验评范围划分表（报监理审批），制定过程检验试验计划（技术负责人审核、主任工程师审批）。工序作业完成后，施工员组装工序验收，质量员验证确认、检查进度，按规范验收施工图纸及验收试验计划，做好施工试验的检验，负责试验报告单的验证确认。

5）工地材料员。建立和保存合格供方的质量记录（包括合格供方企业名录及其档案、评定记录等），负责工程材料管理和收集、整理，工程结束时移交工地资料员（办理移交手续）。

第二节　工程施工资料的收集、管理和应用

1. 怎样进行一般施工资料的收集、审查与填写？

答：一般施工资料收集后主要审查的内容可分为：表头填写、资料编制内容、资料报送结论部分。审查表头部分可统一填写，不需具体人员签名，只是明确负责人的职位。资料报送结论部分，主要确认结论和签章是否完整，签章或签字人是否是本人签名且是否与合同一致。常见栏目填写要求及内容如下：

（1）工程名称栏应填写工程名称全称，与合同和招标文件中的工程名称一致。

（2）建设单位栏填写合同文件中的甲方单位，名称也应写全称，与合同签章上的单位名称一致。

（3）建设单位项目负责人栏应填写合同书上的签字人或签字人以文字形式委托的代表工程的项目负责人，工程完工后竣工验收备案表中的单位项目负责人应与此一致。

（4）设计单位栏填写设计合同中签章单位的名称，其全称与印章上的名称一致。设计单位的项目负责人栏，应是设计合同签字人或签字人以文字形式委托的代表工程的项目负责人，工程完工后竣工验收备案表中的单位项目负责人也应与此一致。

（5）监理单位填写单位全称，应与合同协议书中的名称一致。

（6）总监理工程师栏应是合同或协议中明确的项目监理负责人，也可以是监理单位以文件形式明确的该项目经理负责人，必须有监理工程师任职资格证书，专业要对口。

（7）施工单位栏应签写施工合同中签章单位的全称，与签章上的名称一致。

（8）项目经理栏、项目技术负责人栏应与合同中明确的项目经理和技术负责人一致。

2. 检验批质量验收记录表的填写与审查包括哪些主要方面？

答：检验批质量验收记录表的填写与审查包括如下主要事项：

（1）表头部分的填写。

（2）质量验收规范的规定栏填写。

（3）主控项目、一般项目施工单位检查评定记录。

（4）监理（建设）单位验收记录。

（5）施工单位检查结果评定。

（6）监理（建设）单位验收结论。

3. 分项工程质量验收记录表的填写与审查？

答：分项工程验收由监理工程师组织项目专业技术负责人进行验收。分项工程验收是在检验批验收合格的基础上进行，通常起归纳整理的作用，是一个统计表，没有实质性的验收内容。需要注意三点：一是检查检验批是否覆盖了整个工程，有没有漏掉的部位；二是检查有混凝土、砂浆强度要求的检验批到龄期后能否达到规范规定；三是检验批的资料统一，依次进行登记整理，方便管理。

表的填写：表名填上所验收分项工程的名称，表头工程名称按合同文件上的单位工程名称填写，结构类型按设计文件提供的结构类型填写。检验批、区段、施工单位检查评定结果，由施工单位项目专业质量员填写，由施工单位的项目专业技术负责人检查后给出检查结论并签字，交监理单位或建设单位验收。

监理（建设）单位验收结论由专业监理工程师（建设单位的项目专业负责人）逐项审查并填写验收结论，同意填写"合格或符合要求"，不同意项暂不填写，等待处理后再验收，但应做标记。验收结论应注明"同意验收"或"不同意验收"的意见，如同意验收应签字确认，不同意验收需要指出存在的问题，明确处理意见和完成时间。

4. 分部（子分部）工程验收记录表的填写与审查包括哪些主要方面？

答：（1）表名及表头部分

1）表名。分部（子分部）工程的名称填写要具体，写在分部（子分部）工程的前面，并分别划掉分部或子分部。

2）表头结构类型按设计文件提供的结构类型填写，应分别注明地下和地上的层数。其与项目与检验批，分项工程、单位工程验收表一致。

（2）验收内容

1）分项工程。

2）质量控制资料。

3）安全和功能检验（检测）报告。

4）观感质量验收。

（3）验收单位签字认可

按照表列参与工程建设责任单位的有关人员亲自签名，以示负责，以便追查质量责任。

勘察单位可只签认地基基础分部（子分部）工程，由项目负责人亲自签认。

设计单位可只签认地基基础、主体结构及主要安装分部（子分部）工程，由项目负责人亲自签认。

施工单位、总承包单位必须签认，由项目经理亲自签认，有分包单位的，分包单位也必须签认其分包的分部（子分部）工程，由分包项目经理亲自签认。

监理单位作为验收方，由总监理工程师亲自签认验收。如果按规定不委托监理单位的工程，可由建设单位项目专业负责人亲自签认验收。

5. 单位（子单位）工程质量竣工验收记录表的填写与审查包括哪些主要方面？

答：单位（子单位）工程质量竣工验收由五部分内容组成，每一项内容都有自己专门的验收记录表，单位（子单位）工程质量竣工验收记录是一个综合性的表，是各项目验收合格后填写的。

单位（子单位）工程由建设单位（项目）负责人组织施工（含分包）单位、设计单位、监理单位等（项目）负责人进行验收。单位（子单位）工验收表中由参加验收单位盖章的，还应由负责人签字。质量控制资料核查表、安全和功能检验资料核查及主要功能抽查记录表、观感质量检查记录表应均由施工单位项目经理和监理工程师（建设单位项目负责人）签字。

表中应包括以下部分：

（1）表名及表头填写。

（2）分部工程。

（3）质量控制资料核查。

（4）安全和主要使用功能核查及抽查结果。

（5）观感质量验收。

（6）综合验收结论。

（7）参加验收单位签名。勘察、设计、施工、监理、建设单位都同意验收，须各单位的项目负责人亲自签名，以示对工程质量负责，并加盖单位章，注明签字验收的年月日。

6. 怎样进行竣工图资料的收集、审查和填写？

答：一般监理资料收集后主要审查的内容可分为：表头填写、资料编制内容、资料报送结论部分。审查表头部分可统一填写，不需具体人员签名，只是明确负责人的职位。资料报送结论部分，主要确认结论和签章是否完整，签章或签字人是否是本人签名，且是否与合同一致。常见栏目填写要求及内容如下：

（1）工程名称栏应填写工程名称全称，与合同和招标文件中的工程名称一致。

（2）建设单位栏签写合体文件中的甲方单位，名称也应写全称，与合同签章上的单位名称一致。

（3）建设单位项目负责人栏应填写合同书上的签字人或签字人以文字形式委托的代表工程的项目负责人，工程完工后竣工验收备案表中的单位项目负责人应与此一致。

（4）设计单位栏填写设计合同中签章单位的名称，其全称与印章上的名称一致。设计单位的项目负责人栏，应是设计合同签字人或签字人以文字形式委托的代表工程的项目负责人，工程完工后竣工验收备案表中的单位项目负责人也应与此一致。

（5）监理单位填写单位全称，应与合同协议书中的名称一致。

（6）总监理工程师栏应是合同或协议中明确的项目监理负责人，也可以是监理单位以文件形式明确的该项目经理负责人，必须有监理工程师任职资格证书，专业要对口。

（7）施工单位栏应签写施工合同中签章单位的全称，与签章上的名称一致。

（8）项目经理栏、项目技术负责人栏应与合同中明确项目经理和技术负责人一致。

7. 资料检索的主要内容有哪些？

答：资料检索包含广义和狭义两种含义。广义的资料检索包括资料信息存储和资料查检两个具体的过程。狭义的检索只限于查找所需资料的过程。

（1）资料信息存储阶段的主要内容

1）资料信息存储的定义。是指将资料原件中具有检索意义特征的信息，如文件作者、题名、时间、主题词等，记录在一定的载体上，进行分类或主题标识，编制成资料检索工具，建立资料检索体系的过程。

2）建立检索的环节。①资料的著录和标引是对资料的内容和形式特征进行分析、选择和记录，并赋予规范化的检索标识的过程；著录和标引的结果，就是制作出反映档案内容、形式、分类和存址的可以用来检索的条目。②组织资料检索工具是指按照一定的规则，对著录和标引所产生的大量条目进行系统排列，使之形成某种类型的检索工具，并根据需要进行检索工具的匹配，组成手工的或计算机检索系统。

（2）资料查检阶段的主要内容

1）定义。资料查检就是利用检索工具和检索系统查找所需档案的过程。

2）环节。①确定查找内容。确定查找内容是指对利用者的检索要求进行分析，确定利用者所需资料的主题，形成查寻概念，并将这些概念借助检索语言转换为规范化的检索标识。从确定利用主题到形成检索表达式的过程，也称为制定检索策略。②查找。查找就是档案人员利用者通过各种手段把表示利用需求的检索标识或检索表达式与存储在手工检索工具或计算机数据库中的标识进行相符性对比，将符合利用要求的条目查找出来。

8. 怎样进行施工资料的检索和传递？

答：资料的检索和传递是在通过对收集的资料进行分类加工处理后，及时提供给需要使用资料的部门，资料要根据需要来传递，资料的检索则要建立必要的分级管理制度，其中确定传递和检索的原则非常关键。传递和检索的原则是：需要的部门和使用人有权在需要的第一时间，方便得到所需要的以规定形式提供的一切资料，而保证不向不该知道的部门（人）提供任何资料。

（1）建立资料传递制度进行传递设计时的主要内容

1）连接使用部门（人）的使用目的、使用周期、使用频率、得到时间、数据的安全要求。

2）决定分发的项目、内容、分发量、范围、数据来源。

3）决定分发信息的数据结构、类型、精度和如何组合成规定的格式。

4）决定提供的信息和数据介质（纸张、视屏、磁盘或其他形式）。

（2）考虑技术设计的基本要求

1）允许检索的范围、检索的密级划分、密码的管理。

2）检索的信息和数据能否及时、快捷地提供，采用何种手段（网络、通信）。

3）提供检索需要的数据和信息输出的形式，能否实现智能检索。

为了满足施工资料检索和传递的需要，首先在项目组织内部将所有文件档案资料送交指定的信息管理部门或人员处，进行统一的分类，归档保存，然后根据项目负责人以及实际工作的需要，分别将文件资料传递给有关的职能部门。任何职能人员在授权范围内都可以随时进行查阅经分类处理后的文件档案。其次是在项目组织外部，发送和接受建设单位、设计单位、监理单位、材料供应单位及其他单位的文件和资料时，也应由信息管理部门和其人员负责进行，这样使所有的文件档案资料仅有一个进出口通道，从而在组织上保证施工文档资料的有效管理。

9. 怎样进行施工资料的追溯、应用？

答：（1）施工资料的追溯

施工资料的追溯是指在施工管理活动中的每一道工序、每一个环节、每一次活动的来源数据均可以确定出处，可以逆向查找到问题的源头。施工资料的可追溯性有利于鉴别产品，追溯其历史和产品来源。它并不能保证产品安全，而是一个管理工具。它有助于保障产品安全，并且在发现产品不安全的时候有助于采取必要的行动。

（2）具有可追溯性的施工资料应具有的关键特征

1）鉴别和追溯接受了什么（原材料、设备）；

2）鉴别和追溯制造了什么，由什么制造的，何时制造的；

3）鉴别和追溯产品被送到哪里；

4）保留有效记录。

（3）可追溯资料的四个组成部分

1）组织和设计资料的可追溯性；

2）执行的可追溯性；

3）验证可追溯性的有效性；

4）建立文件和保持记录。

建立文件和保持记录的目的是为了与可追溯性目标及实施保持一致，有效的记录保持对成功的实施和追溯性是至关重要的，文件和记录的作用可分为：证据；内部的（公司内）和外部的（消费者和法律机构）；参考；有文件证明的可追溯系统；培训教育；案例。

第三节　工程资料安全管理

1. 怎样建立电子化资料的安全防护措施？

答：电子化资料的安全防护措施包括如下内容：

（1）加密技术。数据加密的基本过程就是对原来为明文的文件或数据按某种算法进行处理，使其成为不可读的一段代码，通常称为"密文"，使其只能在输入相应的密钥之后才能显示出本来内容。通过这样的途径来达到保护数据不被非法窃取、阅读的目的。该过程的逆过程为解密。

（2）签署技术。电子文件的签署技术一般包括证书式数字签名和手写式数字签名。其目的在于证实该份文件确实出自作者，其内容没有被他人进行任何改动。证书式数字签名的原理是：发方利用自己的不公开的密钥对发出文件进行加密处理，生成一个字母数字串，与文件一起发出，同时还带走一个可使其生效的公开密钥。收方用发方的公开密钥运用特定的计算方法解码检验数字签名。如计算结果有效，那么便有充足的理由相信这份文件确实来自发方，这份文件的内容没有被人做过改动。

（3）权限控制。即对访问档案数据库的用户进行身份验证，防止无关人员随意进入。常用的方法是给每个合法用户一个由数字、字母或特定符号组成的"通行证"（password）。用户通过输入正确的"通行证"才有权进行访问。可有效防止无关人员进入系统。在此基础上，还应根据访问人身份、保密类档案资料的秘密等级，确定对保密类档案访问的权限控制。

（4）监控技术。这是一种访问控制技术，它是在档案馆的网络和外界网络之间设置障碍（即防火墙），对数据系统的进、出两个方向的通信进行监控甄别，防止对档案信息资源的非法访问，也可以阻止含机密内容的档案信息从数据库非法输出，使数据库的信息和结构不受侵犯。

（5）防写措施。利用一些软件可以将电子文件设置为"只读"状态，在这种状态下，用户只能从计算机上读取信息，而不能对其做任何修改。在计算机外存储器中，只读光盘（CD-ROM）只能供使用者读出信息而不能追加或擦除信息，一次写入式光盘（WORM）可供使用者一次写入多次读出，可以追加记录但不能擦除原来的信息。这种不可逆式记录介质可以有效防止用户更改电子档案内容，保持其原始性和真实性。此外，要充分保证电子档案的信息安全，还应继续加强各类安全技术的发展，注重做好对数据系统的备份工作，提高对计算机病毒的防范能力，防止对系统的攻击或对信息的恶意修改。

2. 怎样建立完善的电子文档安全管理制度？

答：电子文件的形成、处理、收集、积累、整理、归档、保管和利用等各个环节，都有信息更改、丢失的可能性，而这种更改、丢失并不像纸质档案那么容易发现。从每一个环节解决信息失真的隐患。

（1）电子文件的制作过程要责任分明。制作人员应该对其制作的文件负全责，单位、部门应设专人统一管理，需要参考与利用时，可以允许用只读形式调阅。以防由于误操作、有意删改等原因造成文件信息的改变。

（2）电子文件形成后应及时进行积累，以防在松散状态下发生信息损失和变动。机关办公活动中形成的公文性电子文件一经签发就不得进行随意修改，确需更改的，要经过必要的批准手续。收集积累过程中的一切变更都应记录在案，对收集积累起来的电子文件要有备份。

（3）建立和执行科学的归档制度。归档时应对电子文件进行全面、认真地检查。在内容方面检查归档的电子文件是否齐全、完整，装饰可靠；相应的机读目录、伺服软件、其他说明是否一同归档；归档的电子文件是否是最终稿本；电子文件与相应的纸质或其他载体文件的内容是否一致；软件产品的源程序与文本是否一致等。在技术方面应检查归档电子文件载体的物理状态，有无病毒，读出信息的准确性等。

（4）建立和执行严格的保管制度。归档电子文件应使用只读光盘（CD-ROM）或一次写入式光盘（WORM）作为存储质，对所有归档的电子文件应作写保护处理，使之置于只读状态。在电子文件进行整理和因软件平台发生改变而对电子文件实行格式转换时，要特别注意防止转换过程中的信息失真。对电子文件要定期进行安全性、有效性检查，发现载体或信息有损伤时，及时采取维护措施进行修复或拷贝。

（5）加强对电子档案利用活动的管理。根据国家档案局《电子公文归档暂行办法》的规定，本单位档案仅限分类、整理后，应一式三套，一套封存保管、一套异地保管、一套提供利用。电子档案入库载体不得外借，只能以拷贝的形式提供利用；要注意加强对保密类电子档案的管理，对电子档案的利用者实行权限控制，防止无关人员对系统的非法访问；防止在利用过程中出现泄密和损伤信息等情况发生。

（6）保证档案信息化的安全仍应加强对纸质档案的管理。由于数字记录方式的特殊性，电子档案的安全性受多种条件制约，而纸质档案在合适的物理条件下就可以保存较长时间，而其不易修改、可靠的原始记录功能在信息安全方面也有自己独特的优势。因此，还不能以电子档案完全取代纸质档案。一些发达国家的现行档案管理模式是既重视加快档案的信息化发展，同时又不放松对纸质载体档案的管理，纸质档案侧重于档案最基本、最可靠的原始记录与保存功能，而电子档案则主要发挥档案的信息化利用功能。

3. 数据库的安全防护措施有哪些？

答：数据库安全防范措施包括如下内容：

（1）制定了安全策略，以此指导安全工作的实施。

（2）网络结构按部门划分，对不同需求采取不同的安全措施。

（3）建立硬件的冗余机制，开发和运行环境，在设备的使用和备份方面找到一个最佳的平衡点。

（4）建立单机的安全操作系统，堵塞由于单机防护薄弱造成整个网络安全系统的破坏。

（5）建立服务器的应用安全机制，系统升级更新的评估和报批机制，应用程序和信息发布检查制度，目录存取控制技术。

（6）建立开发环境的防火墙，防止外来入侵者的攻击，保护由于开发工作的开放需求给网络安全带来的损害。

（7）建立网段监控点，监测整个网络的工作情况，发现异常及时处理。

（8）建立网络防毒体系，从网络的层面上对 mail 信息进行防毒和杀毒处理。

（9）建立安全的网络工作模式，采用数据加密，安全认证，VPN 等技术。

（10）实施 IP 和 MAC 地址绑定技术，限制人为地址盗用。

（11）建立漏洞扫描机制，防患于未然。

（12）流量监控，防止非正常工作用信息流量超标。

4. 怎样建立信息保密制度?

答:信息保密制度包括如下内容:

(1)信息的秘密载体。

信息的秘密载体是指以文字、数据、符号、图形、视频、音频等方式记载、存储秘密和工作秘密信息的纸介质、磁介质及半导体介质等各类物品。

(2)秘密载体的销毁。

秘密载体除正在使用或按有关规定留存、存档外,应当及时予以销毁。销毁工作要指定专人负责,不定期将需要销毁载体进行登记、造册并经领导签字后,派人送至指定地点统一销毁。

(3)涉密载体的销毁范围。

1)日常工作中不再使用的涉密文件、资料;

2)淘汰、报废或按照规定不得继续使用的处理过涉密信息的计算机、移动存储介质、传真机、复印机等通信和办公设备;

3)涉密会议和涉密活动清退的文件、资料;

4)领导干部和涉密人员离岗(退休、调离、辞职、辞退等)时清退的秘密文件、资料;

5)已经解密但不宜公开的文件、资料;

6)经批准可复制使用的涉密文件、资料的复制品;

7)其他需要销毁的涉密载体。

(4)禁止未经批准私自销毁秘密载体。

1)禁止非法捐赠或转送秘密载体;

2)禁止将秘密载体作为废品出售;

3)禁止将秘密载体送销毁工作机构或指定的销毁单位以外的单位销毁。

(5)对违反上述规定的涉密人员或秘密载体的管理人员,情节轻微的给予批评教育,情节严重,造成重大泄密隐患的,根据情节严肃处理。

(6)对玩忽职守、滥用职权,造成涉密载体流失、失控,泄露秘密的人员，视情节轻重，依法给予处分或追究刑事责任。

第四节　工程资料立卷与归档管理

1. 施工资料立卷和归档包括哪些内容？

答：建设工程资料归档立卷包括如下内容：

（1）工程准备阶段卷

①可研报告；②可研报告审批意见；③用地规划许可证；④桩位绗线图；⑤土地证；⑥地勘报告；⑦环保文件；⑧消防批示；⑨图纸审查报告、合格证；⑩中标通知书；⑪施工合同；⑫监理合同；⑬备案证；⑭规划许可证；⑮施工许可证；⑯工程施工决算资料。

（2）监理资料卷

①监理规划；②监理实施细则；③工程开工报审表；④放线报验单；⑤工程材料、构配件、设备报审表及材料清单；⑥工程竣工结算审批意见书；⑦工程质量整改通知；⑧工程质量评估报告；⑨监理工作总结。

（3）施工资料卷

①开工报审表；②工程质量书；③图纸会审、设计变更记录；④工程定位测量、放线记录；⑤原材料出厂合格证，进场检测报告；⑥施工测试报告及见证检测报告；⑦施工记录；⑧混凝土、门窗合格证；⑨地基、基础、主体结构检验、抽样检测资料（中间交接、竣工验收记录）；⑩分包工程质量验收记录（分包单位签字盖章）；⑪有防水要求的地面蓄水试验记录（洗手间等）；⑫沉降观测记录。

以下为给水排水、供暖部分：⑬材料、配件出厂合格证、进场检测报告；⑭管道、设备强度、严密性试验记录；⑮给水排水、供暖工程质量验收记录。

以下为地基部分：⑯图纸会审记录；⑰不同桩位的测量放线定位图；⑱材料入场合格证、检测报告；⑲施工记录；⑳桩基检测资料（竣工平面图）；㉑质量验收记录。

227

以下为电气部分：㉒图纸会审记录；㉓材料入场合格证、检测报告；㉔接地、绝缘电阻测试记录；㉕照明全负荷试验记录；㉖避雷接地电阻测试记录；㉗线路、插座、开关接地检验记录；㉘验收记录。

（4）竣工资料卷

①工程概况表；②竣工总结；③工程质量竣工验收记录；④工程竣工报告、验收报告；⑤竣工验收备案表；⑥规划验收认可文件；⑦工程观感质量验收记录；⑧消防验收意见书；⑨环保验收合格证；⑩工程档案验收认可书。

2. 怎样进行施工资料验收和移交工作？

答：施工资料验收和移交包括如下内容：

（1）工程资料的验收

1）列入城建档案管理部门档案接收范围的工程，建设单位在组织工程竣工验收前，应提请城建档案管理部门对工程档案进行预验收。建设单位未取得城建档案管理部门出具的认可文件，不得组织工程竣工验收。

2）城建档案管理部门在进行工程档案预验收时，应重点验收以下内容：

①工程档案分类齐全、系统完整；②工程档案的内容真实、准确地反映工程建设活动和工程实际状况；③工程档案已整理立卷，立卷符合现行《建设工程文件归档规范》GB/T 50328 的规定；④竣工图绘制方法、图式及规格等符合专业技术要求，图面整洁，盖有竣工图章；⑤文件的形成、来源符合实际，要求单位或个人签章的文件，其签章手续完备；⑥文件材质、幅面、书写、绘图、用墨、托裱等符合要求。工程档案由建设单位进行验收，属于向地方城建档案管理部门报送工程档案的工程项目还应会同地方城建档案管理部门共同验收。

3）国家、省市重点工程项目或一些特大型、大型的工程项目的预验收和验收，必须有地方城建档案管理部门参加。

4）为确保工程档案的质量，各编制单位、地方城建档案管理部门、建设行政管理部门等要对工程档案进行严格检查、验收。编制单位、制图人、审核人、技术负责人必须进行签字或盖章。对不符合技术要求的，一律退回编制单位进行改正、补齐，问题严重者可令其重做。不符合要求者，不能交工验收。

5）凡报送的工程档案，如验收不合格将其退回建设单位，由建设单位责成责任者重新进行编制，待达到要求后重新报送。检查验收人员应对接收的档案负责。

6）地方城建档案管理部门负责工程档案的最后验收，并对编制报送工程档案进行业务指导、督促和检查。

（2）工程资料的移交

1）列入城建档案管理部门接收范围的工程，建设单位在工程竣工验收后3个月内向城建档案管理部门移交一套符合规定的工程档案

2）停建、缓建工程的工程档案，暂由建设单位保管。

3）对改建、扩建和维修工程，建设单位应当组织设计单位、监理单位、施工单位据实修改、补充和完善工程档案。对改变的部位，应当重新编写工程档案，并在工程竣工验收后3个月内向城建档案管理部门移交。

4）建设单位向城建档案管理部门移交工程档案时，应办理移交手续，填写移交目录，双方签字、盖章后交接。

5）施工单位、监理单位等有关单位应在工程竣工验收前将工程档案按合同或协议规定的时间、套数移交给建设单位，办理移交手续。

第五节　工程资料的计算机管理

1. 怎样建立工程项目硬件资料管理计算机辅助管理平台？

答：（1）计算机

在计算机的选型上要考虑到采购成本的因素，以"实用为

主，够用为度"的原则，根据资料管理岗位的计算机辅助管理平台的实际需要，来确定计算机的各项参数和配置，使其能够完全满足工程资料软件、绘图软件、办公软件等软件的运行。

（2）项目部局域网搭建

项目实施期间各个部门、各个岗位会有许多协作关系的工作，并且有大量的数据需要传输和互相调用。项目管理软件实现了项目管理的网络化，这些都需要项目部建立一个局域网来提供超载平台。为了简化网络的日常维护，根据项目部局域网应用较为简单的特点，通常都选择对等网络结构，以 100M 交换为核心，搭建局域网。

（3）其他硬件设施

对项目工程资料管理而言，要合理选择需要的外部设备，如打印机、扫描仪等。计算机对外部设备共同构成整个硬件系统。考虑到工作效率，在打印机的选型上大多选择激光打印机。

2. 怎样设置局域网？

答：局域网设置主要包括如下内容：

（1）设置计算机名称和工作组

同一个局域网中不能有相同的计算机名称，将项目部的工作组设为一样，也可以使用默认的 WORKGROUP 设置。在桌面"我的电脑"图标上单击右键，选择"属性"。在"系统属性"窗口单击"计算机名"→"更改"。在"计算机名称更改"窗口中可以更改计算机名称和工作组。

（2）设置 TCP/IP 协议

为了使网络上的计算机能够互相通信，必须制定统一的通信规则。这种通信规则是网络设备之间通信的语言和规则。TCP/IP 协议是 Internet 信息交换规则、规范的集合，是 Internet 标准通信协议，要访问 Internet，必须在网络协议添加 TCP/IP 协议。

在桌面"网络邻居"上单击右键，选择"属性"。在"网络连接"窗口中右键单击"本地连接"图表，选择"属性"。出现"本地连接属性"窗口，"此链接使用下列项目"中"Microsoft网络的文件打印共享"和"Internet 协议（TCP/IP）"选项前要打钩，双击"Internet 协议（TCP/IP）"。在"Internet 协议（TCP/IP）属性"窗口中可以改计算机 IP 地址、子网掩码、默认网关和 DNS 服务器。

3. 怎样建立工程项目软件资料管理计算机辅助管理平台？

答：工程资料管理软件平台主要包括计算机操作系统、杀毒软件、办公软件、绘图软件、项目管理软件（包括工程资料管理软件）等。

工程管理软件很多，基本都是以国家现行规范、标准及强制性条文为基础，结合国家与各省、市地区的有关法律、法规和行政规章等，参照行政管理部门对工程资料管理的具体要求而开发的。施工企业都是根据各级建设行政主管部门上报资料的格式要求选择软件产品。

4. 怎样进行项目施工资料的录入和整理？

答：（1）案卷目录的录入

盒号：以合同项目或管理类别为单位进行案卷编排之后由系统自动生成顺序号。

合同编号：合同协议书上的合同编号（没有的可不填）。

案卷题名：①合同项目类案卷题名拟写的基本结构：合同项目建成＋分部（分项）名称＋单元工程名称＋资料名称。资料类名指资料组卷后，卷内主要文件材料类型的概括，同一合同项目不能有相同的案卷题名。②非合同项目类案卷题名拟写由整理单位依据资料类别组卷，题名应简洁、准确揭示卷内文件材料的内容。

保管期限：依据有关规定进行选择，同一卷内保管期限从长。

立卷单位：填写档案资料的整理单位。

密级：根据保密规定填写卷内文件的最高密级。

起止日期：填写卷内文件形成的起止日期。

套数：填写移交给档案馆的文件套数。

文件件数：填写卷内文件的总件数。

总页数：填写卷内文件的总页数。

盒厚度：填写档案盒的厚度。

备注：填写卷内文件材料需要说明的情况。

（2）卷内目录的录入

盒号：选择录入的案卷后，系统自动携带案卷目录的盒号。

盒内顺序号：系统自动生成。

合同编号：系统自动携带案卷目录的合同编号。

文件编号：填写文件文号或图号，或设备、项目代号。

文件题名：填写文件标题全称。

责任者：填写文件形成部门或主要责任者。

日期：填写文件形成日期，如同一类文件组成的汇集文件，应填写起止日期。

页数：填写录入的每份文件的总页数。

保管期限：依据国家规定的档案保管期限进行选择。

密级：根据保密规定填写卷内文件的最高密级。

备注：填写卷内文件材料需要说明的情况。

（3）表格整理

1）归档审签单：文件录入完毕后，资料整理单位按分类要求填写审签单上的归档统计表；并按表中要求由相关负责人进行归档前的审查，在相应位置签字盖章。

2）备考表：依据移交单位的性质选择备考表类型，按表中要求填写并签字盖章。

3）打印案卷目录、卷内目录（一式两份，一份放入卷盒，一份为归档时用）、备考表、归档审签单、案卷盒封面。

4）将卷内目录放入卷内文件首页，备考表置于卷内文件之后。

5）案卷盒封面：粘贴于档案盒题名处；案卷脊背不粘贴（档案馆统一粘贴）。

（4）档案移交

1）将归档审签单、案卷目录、卷内目录依序编目排列。

2）将系统录入的 XML 文件经自审后存入 U 盘或刻成光盘。

3）将装订后的目录、U 盘（光盘）、实体档案一起送档案馆审查，档案馆对归档文件的质量、数量和数据录入的准确性、完整性等进行审查，符合要求的办理移交手续。

5. 怎样安装、登录与卸载工程资料管理软件？

答：施工资料管理软件种类较多，为便于说明问题，这里介绍 PKPM 建筑工程资料管理软件的使用。

（1）安装

1）将光盘放入光驱后，安装程序自动运行或以手动方式运行光盘根目录下的 CMIS. exe 应用程序，进入安装界面。选择安装，用鼠标点击"施工系列软件安装"后进入安装欢迎界面，点击"下一步"。

2）必须选择"我接受许可证协议中的条款"才能点击"下一步"继续安装。

3）根据用户购买的软件类型来选择是单机版或网络版的安装类型，点击"下一步"。

4）指定软件的安装途径，点击"下一步"。

5）进入软件模块选择安装界面，勾选需要安装软件模块（程序默认是全部安装），如果用户不需要安装资料以外的其他程序，可以将其前的"√"点击去掉，点击"下一步"。

6）进入资料库的选择安装界面，勾选所购买资料软件对应的资料库，以保证软件的正常使用（程序默认是全部安装），点击"下一步"。

7）点击"安装"，开始进行软件的安装。

8）安装结束后提示重启计算机，用户必须重新启动计算机才能保证软件正常运行。

（2）登录

软件安装完毕后，桌面自动生成一个"PKPM 施工"的快捷图标，双击图标，在弹出的主界面菜单中选取"工程资料系列"，点击"建筑工程资料"，进入建筑工程软件使用界面。建立自己的工作路径，然后双击"建筑工程资料 V5.0"模块。

选择所在地区，并确认。

系统自动进入开始向导界面。系统默认以管理员身份 admin 登录。密码为空，进入后可以修改密码，建立不同的用户，并赋予不同的权限。

（3）卸载

方法一：点"开始"—"程序"找到 PKPM 施工系列文件夹，选择"卸载"，确认弹出的卸载对话框。

方法二：打开"控制面板"双击"添加或删除程序"，找到 PKPM 施工系列软件，点击右边的"更改/删除"按钮，确认弹出的卸载对话框。

参 考 文 献

[1] 中华人民共和国国家标准. 建筑工程项目管理规范 GB/T 50326—2006 [S]. 北京：中国建筑工业出版社，2006.

[2] 中华人民共和国国家标准. 建筑工程监理规范 GB/T 50319—2000 [S]. 北京：中国建筑工业出版社，2001.

[3] 中华人民共和国国家标准. 建设工程文件归档整理规范 GB 50328—2001 [S]. 北京：中国建筑工业出版社，2002.

[4] 中华人民共和国国家标准. 混凝土结构设计规范 GB 50010—2010 [S]. 北京：中国建筑工业出版社，2010.

[5] 中华人民共和国国家标准. 砌体结构设计规范 GB 50003—2011 [S]. 北京：中国建筑工业出版社，2011.

[6] 中华人民共和国国家标准. 民用建筑设计通则 GB 50352—2005 [S]. 北京：中国建筑工业出版社，2005.

[7] 住房和城乡建设部人事司. 建筑与市政工程施工现场专业人员考核评价大纲（试行）[M]. 北京：中国建筑工业出版社，2012.

[8] 王文睿. 手把手教你当好甲方代表 [M]. 北京：中国建筑工业出版社，2013.

[9] 王文睿. 手把手教你当好土建施工员 [M]. 北京：中国建筑工业出版社，2015.

[10] 王文睿. 手把手教你当好土建质量员 [M]. 北京：中国建筑工业出版社，2015.

[11] 王文睿. 手把手教你当好安全员 [M]. 北京：中国建筑工业出版社，2015.

[12] 刘淑华. 手把手教你当好设备安装施工员 [M]. 北京：中国建筑工业出版社，2015.

[13] 刘淑华. 手把手教你当好设备安装质量员 [M]. 北京：中国建筑工业出版社，2015.

[14] 王文睿. 建设工程项目管理 [M]. 北京：中国建筑工业出版社，

2014.

[15] 李光. 资料员岗位知识与专业技能 [M]. 北京：中国建筑工业出版社，2013.

[16] 北京土木建筑学会，资料员必读 [M]. 北京：中国电力出版社，2013.